J. 355
 7.

HISTOIRE
UNIVERSELLE
DE
DIODORE DE SICILE

HISTOIRE
UNIVERSELLE
DE
DIODORE DE SICILE.
TRADUITE EN FRANÇOIS
Par Monsieur l'Abbé TERRASSON, de l'Académie Françoise.

TOME SEPTIEME
Qui contient les quatre suites des *** de l'Historien.

À PARIS,
Chez DE BURE l'aîné, Quay des Augustins, du côté du Pont S. Michel, à Saint Paul.

M. DCC. XLIV.
Avec Approbation & Privilége du Roi.

FRAGMENS
DES SIX PREMIERS LIVRES
DE DIODORE,
PERDUS APRE'S LE VINGTIE'ME.

Ces Fragmens qui ne se trouvent pas dans l'Edition de H. Etienne, ont été fournis à Rhodoman par David Hœschelius garde de la Bibliotheque d'Ausbourg, déja nommé dans la premiere Préface de cette traduction p. 28.

LIVRE VINGT-UNIEME.

I. LA cupidité tient le premier rang entre les vices qu'il importe le plus à l'homme de fuir : d'autant que la recherche continue de

Pages de Rhodoman.

862.

Tom. VII. A

son avantage propre le conduit bientôt à l'injustice; ce qui jette dans les plus grands malheurs, non seulement les hommes en général, mais plus particulierement encore les Rois & les Souverains. Antigonus par exemple, Roi de l'Asie, faisant la guerre à quatre autres Rois ligués ensemble, sçavoir, Ptolemée fils de Lagus Roi d'Egypte, Séleucus Roi de Babylone, Lysimachus Roi de Thrace, Cassander fils d'Antipater Roi de Macedoine, tomba percé de fléches dans une bataille qu'il leur donnoit. Il fut néanmoins enseveli d'une maniere convenable à son rang. Son épouse Stratonice qui demeuroit alors dans la Cilicie, & son fils Démetrius se transporterent avec toutes leurs richesses, à Salamine ville de Chypre, que Démetrius s'étoit soumise (*a*).

II. Agathocle Roi de Sicile délivra Corcyre que Cassander assiegeoit par mer & par terre, sur le point qu'elle alloit être prise, en mettant le feu à la flotte Macedonienne qui fut consumée dans cet embrasement. Le sort de la guerre est quelque chose de bien incertain. L'ignorance & la méprise y

(*a*) L. 2 c. p. 789. I de Rhod.

ont quelquefois un succès plus heureux que la valeur & l'habileté.

III. Agathocle à son retour de Corcyre étant venu rejoindre son armée, & apprenant (a) que des soldats de la Ligurie & de la Toscane, qui avoient tué son fils Archagatus en Afrique, & emporté sa dépouille, étoient venus s'enrôler dans ses troupes en son absence, les fit égorger tous au nombre de deux mille qu'ils se trouverent. Les Bruttiens ayant paru mécontens de cette sévérité, Agathocle assiege leur ville nommé Etha. Mais ces barbares l'ayant attaqué subitement dès la nuit suivante lui tuerent quatre mille hommes ; ce qui le fit revenir à Syracuse.

IV. Agathocle ayant armé une flotte passa en Italie ; & dans le dessein d'assieger Crotone, il fit avertir Menedême tyran de cette ville, & dont il se disoit ami, de ne point s'effrayer envain, parce que l'unique objet de son armément étoit d'envoyer marier sa fille en Epire dans un équipage convenable à son rang. Par cette feinte

___

(a) Je traduis cet endroit exactement selon la correction que Rhodoman y fait dans ses notes, plûtôt que suivant sa traduction mème.

il trouva la ville sans défense : & l'environnant dans toute l'étendue de son rivage, il fit tomber à coups de pierriers la plus grande maison du port dans le fossé dont il l'avoit entourée. A cet aspect les Crotoniates lui ouvrant toutes leurs portes le reçurent dans leur ville avec son armée entiere : ses soldats se jettant dans les maisons des particuliers les pillerent, & y massacrerent même tout ce qu'ils y trouverent de citoyens. Agathocle fait ensuite alliance d'armes avec les Yapiges & les Peucetiens, Barbares de ces cantons, ausquels il fournit des bâtimens pour pirater à condition de partager leurs prises. Laissant enfin une garnison à Crotone, il revient à Syracuse.

V. Diallus Auteur Athenien a fait vingt-six livres de l'histoire de tout ce qui s'est passé dans le monde entier (*a*); & Psaon de Platées en a donné trente en continuation de la précédente.

(*a*) On ne trouve le nom de ces deux Historiens, ni dans Vossius, ni dans Fabricius. Mais Diyllus Athenien est allegué dans Vossius. p. 360. comme un Auteur qui avoit continué l'histoire des Grecs & des Barbares depuis la fin de celle d'Ephore, jusqu'à la mort de Philippe.

Livre XXI.

VI. Dans la guerre des Hetrusques, des Gaulois, des Samnites & de leurs Alliés, le Consul Fabius fit périr cent mille hommes suivant le témoignage de l'Historien Duris (*a*).

VII. Antipater fils de Cassander tue sa mere par jalousie du gouvernement. Il tue par le même motif son frere Alexandre, qui avoit demandé le secours du Roi Démetrius. Mais ensuite Démetrius tue Antipater (*b*) lui-même, pour n'avoir point tant de concurrens au titre de Roi.

VIII. Agathocle ayant rassemblé ses forces, passe en Italie à la tête de trente mille hommes de pié, & de trois mille chevaux. Ayant confié sa flotte à Stilpon, il le charge de Pirater sur la côté des Bruttiens. Celui-ci exécutant cet ordre fut assailli d'une tempête qui lui fit perdre un grand nombre de vaisseaux. Cependant Agathocle assiegeant la ville des Hippo-

---

(*a*) On trouvera une note sur cet Auteur. vol. 4. de cette traduction. L. 15. p. 357.

(*b*) On peut juger par cet article que Cassander qui avoit pris le titre de Roi de Macedoine, & qui a été souvent nommé dans le Livre 20. est mort actuellement, & que l'endroit même où sa mort étoit énoncée dans le 21. dont nous donnons ici les Fragmens, est perdu.

niates, la prit à force de machines. La nation entiere des Brutiens effrayée de ce succès, lui envoye des Ambassadeurs, pour traiter de la paix avec lui. Il écoute leurs propositions & reçoit des ôtages de leur part: Après quoi laissant une garnison dans la ville qu'il avoit prise, il revient à Syracuse. Les Brutiens violant leur serment, attaquent cette garnison en son absence, & la défont entierement; ensuite de quoi ils lui enlevent les ôtages dont elle étoit dépositaire, & se délivrent eux-mêmes de toute dépendance d'Agathocle... (*a*) La douceur est ordinairement plus sûre que la violence.

IX. La plûpart des Généraux d'armée qui tombent dans l'adversité, suivent les impressions de la multitude qu'ils ne veulent pas mettre contre eux.

864. X. Le Roi Démetrius ayant assiegé & pris Thebes qui s'étoit révoltée pour la seconde fois, ne fit mourir que dix hommes auteurs de cette révolte.

XI. Agathocle envoye son fils de

(*a*) Ces trois points sont l'indice d'une lacune dans le texte.

même nom que lui à Démetrius pour lui offrir son amitié, & lui proposer une ligue offensive & défensive. Le Roi reçut gratieusement ce jeune homme ; & lui ayant fait prendre un vêtement royal, le renvoya comblé de présens. Il le fit accompagner dans son retour par un de ses amis nommé Oxytheme, sous l'apparence de sceller cette union ; mais en effet pour se préparer l'invasion de la Sicile, dont il chargea son envoyé d'examiner la position.

XII. Le Roi Agathocle depuis assez long-tems en paix avec les Carthaginois, met sur pié une grande armée navale. Il se disposoit à repasser dans la Libye, & à lui couper le transport des bleds qu'elle tiroit de la Sardaigne & de la Sicile. Car les Carthaginois ayant acquis par la derniere guerre l'empire de la mer, paroissoient avoir mis leur Patrie en sûreté. Agathocle avoit alors deux cents galeres à quatre ou à six rangs de rame. Mais il ne mit point son dessein à exécution par les raisons suivantes Un jeune homme de la ville d'Ægeste (*a*) ap-

---

(*a*) Au lieu d'Egypte qui est dans le Grec. | Correction de Rhod.

pellé Mænon ayant été pris dans le fac de cette ville (*a*) avoit été donné comme esclave à Agathocle à cause de sa beauté. Il fit semblant pendant quelque tems d'être satisfait de sa fortune, qui le mettoit au rang des amis du Roi; mais comme il déploroit au fond le désastre de sa Patrie, & la honte de sa fonction; il attendoit le moment de se venger de l'un & de l'autre. Le Roi qui devenoit vieux avoit déja donné le commandement des troupes qui servoient en campagne à son petit fils Archagathus. Celui - ci étoit fils de l'Archagathus (*b*) qui avoit été tué en Afrique, & par conséquent petit fils d'Agathocle. C'étoit un jeune homme d'une hardiesse & d'un courage extraordinaire. Pendant qu'il campoit au pié du mont Æetna, le Roi qui vouloit faire passer sa couronne sur la tête de son fils Agathocle, le recommande d'abord aux Syracusains, & le leur présente comme son successeur: Après quoi il l'envoye à

(*a*) Ci-dessus L. 20. p. 803. de Rhod.

(*b*) L. 20. p. 802. de Rhod. On trouvera plus bas dans les fragmens fournis par Mr. de Valois que l'ortographe *Agatarchus* est préférable à celle-ci; qui est employée par Rhodoman & même par H. Etienne.

son camp chargé d'une lettre, par laquelle il ordonnoit à Archagathus de remettre à ce jeune homme le commandement des troupes de mer & de terre. Archagathus voyant que la succession de son ayeul passoit en d'autres mains que les siennes, songe à se défaire des deux Agathocles, pere & fils. Il dépêche un courier à Mænon d'Egeste, par l'entremise duquel il le fait solliciter d'empoisonner le Roi même : & de son côté faisant célébrer une fête dans une Isle où devoit aborder le jeune Agathocle, il l'ennyvra & l'étrangla à la fin d'un grand repas. Mais son corps jetté ensuite dans la mer fut retrouvé par quelques insulaires qui l'ayant reconnu le porterent à Syracuse. D'un autre côté comme le Roi ne manquoit jamais de s'écurer les dents avec une plume au sortir du repas, il en demanda une à Mænon. Celui-ci avant que de la lui donner, eut soin de la faire tremper dans le poison le plus violent. Agathocle s'en servant sans aucune défiance, remplit ses gencives d'un venin corrosif, qui leur causerent d'abord des inquiétudes, ensuite des douleurs extraordinaires, & enfin une pourritu-

865.

re irrémediable. Se voyant près de sa fin, il fit assembler le peuple, auquel il dénonça le crime d'Archagathus, dont il lui demandoit vengeance; en ajoutant qu'il étoit lui-même sur le point de rendre la liberté à Syracuse. Oxythemis envoyé depuis quelque tems auprès de lui par Démetrius, le mit sur un bucher encore vivant, dit-on, mais hors d'état par la violence du venin de prononcer une parole. C'est ainsi que mourut Agathocle, après avoir fait lui-même un nombre effroyable de meurtres, & comblé la mesure de ses cruautés à l'égard de ses compatriotes, & de ses impietés envers les Dieux. Il avoit regné vingt-huit ans, & vécu soixante & douze, suivant le témoignage de Timée (*a*) de Syracuse, de Callias (*b*) de la même ville qui a laissé une histoire en 22. livres, & d'Antander (*c*) frere d'Agathocle qui a écrit lui-

(*a*) Il est cité au L. 13. Tom. 3. p. 515. de cette traduction.

(*b*) Il est nommé dans Vossius. p. 68.

(*c*) Antander est nommé au L. 19 p. 653. de Rhod. au L. 20. où il opine comme peu courageux qu'il étoit de rendre Syracuse à Amilcar qui l'assiegeoit p. 757. du même & enfin dans le même l. p. 803. du même, où il exécute un massacre de citoyens dont son frere l'avoit chargé. Mais il a été oublié comme historien par Vossius & par Fabricius.

même une histoire. Le peuple rentrant alors en liberté, mit à l'encan les biens du tyran & brisa toutes ses images. Mænon auteur de la mort du Roi s'étant échappé de Syracuse, se tenoit dans le camp d'Archagathus, & se vantant d'avoir détruit la tyrannie, il tua aussi Archagatus en secret : gagnant ensuite les soldats par des paroles insinuantes, il résolut de faire la guerre à Syracuse & d'en acquerir la domination.

XIII. Les Syracusains choisirent leur Preteur Hicetas pour l'opposer à Mænon. Celui-ci ne cherchant qu'à éloigner le combat ne se mettoit point en bataille, & n'avoit en vûe que de prolonger la guerre ; lorsque les Carthaginois se joignirent à lui. Les Syracusains se virent alors obligés, vû leur petit nombre en comparaison de l'armée ennemie de renoncer à la guerre, & de recevoir leurs bannis. Mais leurs soudoyés se voyant privés dans l'élection aux magistratures, de la part qu'on leur y avoit promise ; la ville se remplit de tumulte, & les deux partis commençoient à s'armer l'un contre l'autre. Les magistrats qu'on avoit chargés d'appaiser cette sédition par des exhor-

866.

tations adressées aux uns & aux autres, eurent bien de la peine à en venir à bout. Ils parvinrent néanmoins par leurs représentations à obtenir qu'au bout d'un tems marqué, les Soudoyés se défaisant de toutes leurs acquisitions dans la Sicile, sortiroient de la capitale. Ces étrangers abandonnant enfin volontairement Syracuse, furent reçus à Messine comme amis & compagnons d'armes. Mais dès la nuit suivante ils égorgerent leurs hôtes ; & épousant ensuite leurs femmes, ils se rendirent (*a*) maîtres de cette ville, & la nommerent Mamertine, du nom de Mars, qui dans leur dialecte s'appelle Mamers.

Sentence détachée.

Ceux qui ne participent pas au gouvernement du peuple n'ont pas droit de donner leurs voix pour l'élection d'un Chef du Sénat.

XIV. Autant qu'il est avantageux de se rendre terrible aux ennemis,

---

(*a*) Tout ceci auroit besoin d'être un peu plus étendu pour être rendu plus vrai-semblable. Mais ce ne sont ici que des fragmens, sur lesquels Rhodoman fait beaucoup de corrections, qui ne sont peut-être pas les seules qu'il faudroit faire.

autant est-il louable d'être doux, & officieux envers ses compatriotes.

XV. Si dans un tems où vous ne connoissiez pas vos véritables intérêts, vous vous êtes laissez gagner par des discours séducteurs: aujourd'hui que des évenemens sinistres vous ont instruits; c'est-à-vous à suivre d'autres maximes. Car enfin, il n'y a rien de si naturel à l'homme que de se tromper en quelques rencontres dans le cours de sa vie, mais de retomber plusieurs fois dans la même faute en des circonstances toutes semblables, c'est véritablement renoncer à la raison. Les dernieres fautes méritent toujours une plus grande punition que les premieres. Quelques-uns de nos citoyens en sont venus à ce point d'aveuglement que de se flater de rendre leur maison plus illustre aux dépens de la patrie. Celui qui est capable de maltraiter ceux qui portent du secours aux malheureux, comment traiteroit-il les malheureux mêmes?

XVI. Il faut pardonner à ceux qui ont commis des fautes, & du reste se tenir en repos.

XVII. Ce ne sont pas ceux qui

ont commis des fautes qu'il faut punir sévérement, ce sont ceux qui ne se corrigent pas après les avoir commises.

XVIII. Dans la conduite de la vie, la douceur est bien supérieure à la colere, & la clémence aux punitions.

867.   XIX. Il est important de mettre fin aux inimitiés & d'en venir à la réconciliation. Rien n'invite plus un homme à se raccommoder avec ses amis que de se sentir tomber (*a*) dans la misere.

XX. Il est de la nature de l'homme de souhaiter l'accroissement de son bien, & il ne se guérira jamais absolument de ce désir. Un Souverain qui entre dans une ville libre doit laisser chez lui l'air & le ton de Commandant, & les habits qui sentiroient l'autorité de la tyrannie, pour ne montrer au dehors que le maintien & les vêtemens ordinaires aux citoyens chez lesquels il se trouve. Tout homme sorti du sang Royal & qui se voit héritier d'une couronne, doit vouloir suc-

(*b*) J'adopte ici une correction de Rhodoman, sans laquelle la phrase n'auroit point de sens.

céder aussi à la gloire de ses ancêtres: car il seroit honteux de porter le nom de Pyrrhus fils d'Achille, & de ne représenter que Thersite par ses actions.

Plus un homme aura acquis de gloire, plus il aura d'obligation à ceux ausquels il sera redevable de ses heureux succès. Je conclus de-là que celui qui peut parvenir à son but avec honneur & à la satisfaction des autres, a grand tort d'y tendre par des voies honteuses, & qui lui attirent la haine & les reproches de tout le monde. O hommes qui m'écoutés, il est beau de tirer des fautes des autres une leçon qui nous conduise à notre tranquillité & à notre bonheur.

XXI. On ne doit pas préférer l'alliance des étrangers à celle de ses compatriotes, ni attendre plus de bien-veillance de la part des ennemis de notre nation, que de nos propres concitoyens.

LIVRE XXII.

I. LEs Epirotes ont pour maxime de combatre non-seulement pour leur patrie, mais encore pour les nations qui ont contracté quelque alliance avec eux.

II. Comme les Campaniens qui étoient à la solde d'Agathocle s'étoient saisis de Messine, sous prétexte de la défendre contre les Romains : ainsi Decius (a) Tribun militaire se saisit de Rhege sous prétexte de défendre cette ville de l'invasion de Pyrrhus. Il y fit des concussions & des meurtres sans nombre, dont les Romains indignés tirerent ensuite vengeance eux-mêmes sur les soldats qui les avoient exécutées : car pour leur Tribun Decius ayant eu une fluxion sur les yeux, il manda le plus habile Medecin de Rhege, qui pour venger sa patrie les lui frotta avec un onguent de Cantharides qui lui fit perdre la vuë : le Medecin s'échapa par la fuite, cependant la Sicile se partageoit entre plusieurs tyrans, Hicetas occupoit Syracuse, Phintias Agrigente, Tyndarius Tauromene, & des hommes moins considérables d'autres villes plus pe-

___

(a) Rhodoman dans sa note sur cet endroit, avertit que pour un plus grand éclaircissement, il faut avoir recours à Polybe. J'y ai eu recours en effet pour la traduction même : le Lecteur peut consulter le Polybe de Casaubon, Paris 1609 p. 7. ou la traduction Françoise de Dom Thuilier, Benedictin, accompagnée des Remarques de M. le Chevalier Follard. tom. I. pp. 10. & 11.

tites. Cependant Phintias & Hicetas eurent guerre entr'eux. Le combat se donna devant Hyblæe, & ce fut Hicetas qui remporta la victoire. Faisant ensuite des ravages chacun de de son côté, ils rendirent tout le pays inculte. Cependant Hicetas fier de sa victoire précédente, arma contre les Carthaginois, & perdit auprès du fleuve Terias un grand nombre des siens. Phintias de son côté bâtit une ville qu'il appella Phintiade, de son nom, & qu'il peupla des habitans de Gela, chassés de chez eux. Elle est voisine de la mer. Il l'environna de murailles, y fit faire pour la commodité publique un très-beau marché, & y éleva des temples aux Dieux. Mais s'étant rendu coupable d'un meurtre, il fut hay dans toute l'étendue de sa domination, & principalement dans Agyre : de sorte qu'on chassa de toutes ses villes ceux qui les gardoient en son nom.

868.

III. Le Roi Ptolemée Ceraunus (*a*) est tué par les Gaulois, & tou-

___

(*a*) Fils de Ptolemée, fils de Lagus, & depuis Roi de Macedoine, surnommé Ceraunus ou Tonnerre, à cause de sa valeur : voyez Justin l. 24. c. 1.

tes les troupes Macedoniennes taillées en piéces.

IV. Une victoire à la Cadmeenne (*a*), est une expression proverbiale, par laquelle on veut désigner une victoire où le vaincu gagne plus que le vainqueur, & demeure plus puissant que lui.

V. Phintias fondateur de Phintiade (*b*) & tyran d'Agrigente, eut un songe qui lui représenta la fin de sa vie. Croyant être à la chasse d'un sanglier, il rêva qu'un pourceau tombé sur lui, lui perçoit les côtes avec ses dents, & le tuoit en traversant son corps par cette ouverture.

VI. Hicetas après avoir commandé neuf ans dans Syracuse, fut chassé de cette ville par Thynion fils de Mamméus.

VII. Thynion & Sostratus successeurs d'Hicetas, appellent une seconde fois le Roi Pyrrhus dans la Sicile.

VIII. Les Mamertins qui avoient égorgé les citoyens de Messine (*c*) qui les avoient reçus dans leur ville comme amis, étant entrés en société de guerre

(*a*) Voyez une note sur le liv. XI. tom. 3. p. 24. de cette traduction.
(*b*) Ci-dessus. art. 2.
(*c*) Ci-dessus l. 21. art. 13.

avec les Carthaginois, s'obligerent par un décret public de s'opposer au passage de Pyrrhus dans la Sicile. Mais Tyndarion tyran de Tauromene favorisoit le Roi d'Epire, & se disposoit à ouvrir les portes de sa ville à lui & à toute l'armée dont ce Roi se faisoit accompagner.

IX. Les Carthaginois d'intelligence avec les Romains, en reçurent cinquante dans leur flotte, & se présentant devant Rhege, ils entreprennent l'attaque de cette ville, mais ils s'en désistent bien-tôt; & mettant eux-mêmes le feu aux bois qu'ils avoient assemblés pour en construire des vaisseaux, ils se réduisent à garder le détroit, & à observer la route de Pyrrhus.

X. Thynion qui gouvernoit toute la Sicile, & Sostratus, maître de Syracuse seule, ayant chacun dix mille hommes de leur côté se faisoient la guerre. Mais las eux-mêmes de leurs querelles, ils envoyent des Ambassadeurs à Pyrrhus.

XI. Pyrrhus (*a*) fit la guerre en Italie 869.

___

(*a*) Tite-Live parloit de cette guerre dans le second liv. de la seconde Decade qui est perdue.

pendant deux ans & quatre mois ; & lorsqu'il se disposoit à la retraite, les Carthaginois pressoient Syracuse par mer & par terre. Ils avoient cent navires dans le grand port, & en même tems un camp de cinquante mille hommes auprès des murailles, qui empêchoient les citoyens d'en sortir : de sorte que les ennemis ravageoient avec une liberté entiere toute la campagne des environs, & en faisoient un vaste désert. Les Syracusains n'avoient d'espérance qu'en Pyrrhus qui avoit épousé Lanassa, fille d'Agathocle, dont il avoit un fils nommé Alexandre. Aussi lui envoyoient-ils des députés les uns sur les autres pour hâter son arrivée. Pyrrhus faisant donc embarquer ses soldats, ses Elephans & tout son équipage militaire, partit de Tarente, & arriva en dix jours à Locres. De-là, il traversa le détroit pour aborder à Tauromene. S'étant joint-là à Tyndarion Prince de la Tauromenie, il obtint encore de lui une recrue de soldats qu'il conduisit à Catane. Il y fut reçu avec une grande magnificence, de sorte qu'ayant sur la tête une couronne d'or qu'on lui avoit fait prendre, il fit débarquer là ses troupes, & pendant que celles-cy alloient par terre à Syracuse, sa flotte disposée pour un combat naval les suivoit par mer. A leur arrivée les Carthaginois qui avoient employé une trentaine de leurs vaisseaux à d'autres besoins, n'oserent tenter le combat avec le peu qui leur en restoient. Ainsi Pyrrhus entra librement dans Syracuse. Là toute l'Isle lui fut remise par Thynion, & Sostratus à la tête des Syracusains lui fit hommage de la capitale (*a*). Ce dernier étoit aussi maître d'Agrigente & de quelques autres villes, & tenoit plus de dix mille hommes sur pié. Pyrrhus à son arrivée réconcilia Thynion avec Sostratus, & les habitans de Syracuse avec leur chef & entre eux; & par cette réconciliation il s'attira une très-grande reconnoissance de la part des uns & des autres. On lui remit aussi-tôt toutes les armes, & toutes les machines de guerre dont la ville étoit pourvue. La marine qu'on lui confia de même, étoit alors composée de six vingt vaisseaux pontés, & de vingt autres sans pont: celui qu'on appelloit le Royal étoit à neuf rangs de rames: enfin toute la

(*a*) Voyez ci-dessus art. x.

flotte, en y comprenant les bâtimens qu'il avoit amenez lui-même, montoit à plus de deux cents voiles. Il lui vint-là une ambassade de Leontins de la part d'Heraclide leur Maître, pour lui offrir Leontium leur propre ville, avec tout ce qu'elle contenoit d'hommes armés qui montoient alors à quatre mille fantassins & cinq cents cavaliers. Les mêmes offres lui furent faites de la part de beaucoup d'autres villes, qui se donnoient à lui & s'enrolloient pour ainsi dire toutes entieres à son service. Pyrrhus reçut favorablement tous ces députés qui lui firent concevoir l'espérance de conquérir l'Afrique même.

XII. Le port de Corinthe porte le nom de Léchée (*a*).

XIII. Brennus (*b*) Roi des Gaulois, à la tête de cent cinquante mille hommes armés de boucliers, de dix mille hommes de cheval, & d'une foule d'autres gens ramassés dont plusieurs avoient été Marchands forains, suivi outre cela de deux mille chariots,

___

(*a*) C'est-à-dire le port Occidental : car l'Oriental se nommoit Schœnus.

(*b*) Il est nommé au liv. 5. de Tite-Live. c. 38. Mais v. le Camillus de Plutarque.

se jette en armes dans la Macedoine; d'où ayant été repoussé avec une grande perte des siens, il passe dans la Grece, où affoibl par ses défaites précédentes, il ne put venir about de rien, & pas même de piller le temple de Delphes, quoiqu'il en eut une grande envie. Ayant essuyé divers combats à cette occasion, il laissa encore sur la place quelques milliers d'hommes, & reçut lui-même trois blessures : se voyant près de sa fin, il fit assembler ses Gaulois autour de lui, & leur conseilla de tuer tous leurs blessés, sans l'excepter lui-même, & de brûler tous leurs chariots de bagage, afin que rien ne les empêchât de retourner incessamment dans leur pays, en nommant dès lors Cichorius pour leur Roi son successeur. Après ces dispositions, Brennus ayant bu autant de vin qu'il lui fut possible, se poignarda lui-même. Cichorius prit soin de sa sépulture, & fit égorger ensuite tous les blessés de l'armée, aussi bien que tous ceux que le froid ou la faim avoit mis hors d'état de marcher. Les uns & les autres faisoient le nombre de vingt mille hommes, après quoi il ramena le reste par le même chemin qu'il étoit venu. Mais les Grecs se postant à côté de l'endroit le plus difficile de leur passage, les prirent en queue, les taillerent en piéces, & leur enleverent tout leur bagage. Ces malheureux arrivés aux Thermopyles où leurs vivres avoient fini, perdirent là vingt autres mille hommes. Passant enfin dans la Dardanie (*a*) en Europe, tout le reste y périt, & il n'y eut pas un seul de cette nombreuse armée, qui revit jamais sa patrie.

Pyrrhus ayant établi son pouvoir & mis tout en regle dans Syracuse & dans Leontium, marcha vers Agrigente : il étoit encore en chemin lorsqu'il lui vint par mer quelques Officiers de ses troupes, qui lui dirent qu'ils avoient chassé la garnison que les Carthaginois avoient envoyée dans cette derniere ville en faveur du tyran Phintias (*b*), dont elle ne vouloit plus reconnoître l'autorité, disposée qu'elle étoit à se donner à Pyrrhus, & à entrer avec lui en alliance d'armes. Le Roi arrivé aux portes d'Agrigente, reçut là en effet, par le ministere de Sostratus (*c*), la ville

(*a*) Ou l'Illyrie.
(*b*) Nommé ci-dessus art. 2.
(*c*) Nommé ci-dessus art. 7. & 10.

même,

même, & de plus, trois mille six cents hommes de pié, & huit cents hommes de cheval, tous gens choisis, & qui ne le cedoient en rien aux Epirotes mêmes. Il accepta ainsi trente autres villes où le même Sostratus avoit commandé. Il envoya ensuite chercher à Syracuse toutes les machines nécessaires pour assiéger des places, & une quantité suffisante de traits & d'autres armes, au moyen desquelles il se mit en état de parcourir toutes les possessions des Carthaginois dans l'étendue de l'Isle. Il avoit en effet vingt mille hommes d'infanterie, quinze cents hommes de cheval, & quelques Elephans. Il prit d'abord Héraclée, défendue par une garnison Carthaginoise : & ensuite Azon : ce fut là que les Sélinuntins vinrent se joindre à lui ; aussi bien que les citoyens d'Halice, d'Ægeste & de plusieurs autres villes. Erycine, outre les défenses naturelles qu'elle tiroit de sa position, étoit alors gardée par une forte garnison de Carthaginois. Pyrrhus avoit néanmoins résolu de l'emporter de force, & dans ce dessein il fit approcher ses machines. La défense devenant aussi vive & aussi longue que l'attaque, le Roi qui vouloit se faire un grand nom, & qui tendoit à l'imitation d'Hercule, saute le premier sur la muraille, & là combattant en Héros il renverse tous les Carthaginois qui ont la hardiesse de l'approcher; enfin soutenu par ceux des siens qui s'intéressoient à sa vie, il emporte en effet la place dans ce dernier assaut. Laissant là une garnison, il passe à Ægine voisine de Palerme. Les habitans d'Ægine s'étant accordés avec lui, il vint à Palerme même, la ville de toute la Sicile qui a le plus beau port, circonstance dont elle a même tiré son nom (*a*). Il l'emporta aussi d'assaut, & forçant de même les défenses de la ville d'Erctes, il se rendit maître enfin de toutes les possessions des Carthagnois dans la Sicile, à l'exception de Lilybée seule.

Cette derniere ville avoit été bâtie par les Carthaginois mêmes, après que le tyran Denys leur eut pris Motye (*b*); & ils y logerent tous ceux que la destruction de celle-ci en avoit ex-

___

(*a*) Πανορμος, son nom Grec semble signifier : Port par tout, ou pour tout.

(*b*) Livre 14. p. 274. de Rhod. & de cette traduction. tom. 4. p. 104.

clus. Pyrrhus se disposoit à assiéger Lilybée (*a*), lorsque les Carthaginois envoyerent au secours de leur colonie une flotte considérable ; & comme ils étoient maîtres de la mer, il leur fut aisé de faire passer jusques-là d'abondantes provisions de vivres, aussi bien que des machines & des armes de toute espece pour sa défense. Mais de plus comme la ville étoit placée au bord de la mer, ils eurent soin de la défendre du côté de la terre, par un grand nombre de hautes tours, & par un large fossé qui les environnoit toutes. Les citoyens de Lilybée ne laisserent pas de députer au Roi quelques-uns d'entre eux pour lui proposer un traité, & pour lui offrir même une grosse somme d'argent. Le Roi rejetta de lui-même ce dernier article : mais comme il panchoit à accorder aux Carthaginois cet hospice dans la Sicile ; ses propres confidens qui se trouvoient dans ce conseil, aussi bien que les députés des autres villes Siciliennes, lui représenterent qu'il ne convenoit en aucune sorte de donner

---

(*a*) Au liv. 15. p. 384. de Rhod. & de cette traduction. tom. 4. p. 383. le même Denys leve le siége de Lilybée.

entrée à des Barbares dans la Sicile, & qu'il étoit important de leur interdire l'Isle entiere, & de mettre la mer entre l'une & l'autre nation. Le Roi ayant donc fait tracer une circonvallation autour des murailles, les battit d'abord à coups redoublés. Les assiégés le repousserent à forces égales, comme ayant-là une puissante garnison, amplement fournie de provisions de toute espece: car ils s'étoient munis d'une si prodigieuse quantité de traits & de machines propres à les lancer, qu'à peine l'enceinte de la ville pouvoit-elle les contenir: aussi la plus grande partie des assiégeans ayant été tués ou blessés, le Roi sentit ce qui lui manquoit, & fit venir incessamment de Syracuse des machines propres à ébranler des murailles. Mais malgré ce nouveau secours & tout l'usage qu'il en sçavoit faire, les Carthaginois continuerent de se défendre par l'avantage de leur poste qui étoit en effet un rocher inébranlable. Le Roi entreprit bien aussi de battre les murs par des machines, ou de les faire tomber par la Sappe: Mais les Carthaginois rendoient tous ses travaux inutiles par les leurs. Enfin le siège de cette place qui étoit un véritable rocher, ayant occupé le Roi pendant deux mois, il reconnut l'impossibilité du succès, & leva le siége; mais il tourna toutes ses pensées à rassembler une flotte immense, au moyen de laquelle il feroit une descente dans l'Afrique même.

XV. Les Mamertins (*a*) qui s'étoient établis à Messine, s'y étant extrêmement accrûs en nombre, avoient muni de garnisons plusieurs forteresses de la province : Et ayant levé une grosse armée, ils se disposoient à défendre toute la Messenie d'une irruption dont elle étoit menacée. Hieron (*b*) revenant d'une campagne où il avoit pris la ville de Miles, & fait prisonniers quinze cents soldats, & après la conquête de quelques autres villes, marcha vers Amesale, située entre Centorippe & Agyrée. Quoique Amesale fut extrêmement forte, & défendue d'ailleurs par une bonne garnison, il la prit, la rasa, & en incor-

---

(*a*) Ci-dessus liv. 21. fragm 13.
(*a*) Il est parlé d'un autre Hieron Roi de Syracuse au liv. XI. p. 30. de Rhod. & de cette traduction tom. 3. p. 74. Sa mort se trouve au même liv. p. 59. de Rhod, & de cette traduction. p. 126.

pora dans ses troupes la garnison à laquelle il pardonna sa résistance : mais il donna les terres à parties égales aux citoyens de Centorippe & d'Agyre. De-là Hieron se mit en marche à la tête d'une forte armée contre les Mamertins, & réduisit d'abord la ville d'Alese à se rendre : après quoi les citoyens d'Abacene & de Tyndaris vinrent s'offrir à lui de leur propre mouvement. Ces succès mirent d'abord les Mamertins fort à l'étroit. Car Hieron possedoit Tauromene dans le voisinage de Messine & Tyndaris sur la mer de Toscane. Ayant donc fait une irruption dans la Messenie, il campa aux environs du fleuve Lœtan, à la tête de dix mille hommes de pié & de quinze cents chevaux. Les Mamertins, sous la conduite de Cion, vinrent l'attaquer-là au nombre de huit mille hommes de pié & de quatre (*a*) mille hommes de cheval. Avant le combat Cion consulta les Haruspices, qui lui répondirent que les entrailles des victimes indiquoient qu'il coucheroit dans le camp des ennemis. Il se ré-

---

(*a*) Le texte est ici défectueux, la version Latine porte XL. que je prends pour des centaines, & dont je fais quatre mille.

jouissoit là-dessus comme se croyant déja vainqueur de l'armée du Roi; & en même tems il donne ordre à ses troupes de se mettre en devoir de traverser le fleuve à la nage: Hieron avoit alors dans ses troupes deux cents bannis de Messine, gens exercés à la guerre & d'un courage à toute épreuve, ausquels il joignit encore quatre cents hommes de choix. Il ordonna aux uns & aux autres de faire le tour d'une colline qu'ils avoient devant les yeux & qu'on appelloit Thorax; de sorte qu'ils pussent prendre les ennemis par derriere. Pour lui mettant ses troupes en ordre, il attaque les ennemis de front à la tête de sa cavalerie, pendant que ses gens de pié postés sur une hauteur le long du fleuve, profitoient aussi de l'avantage de leur situation. La victoire fut néanmoins assez long-tems douteuse. Mais ceux qui avoient fait le tour de la colline tombant frais sur les Mamertins qui avoient déja combattu long-tems, en tuerent d'abord un grand nombre, & réduisirent tout le reste à s'enfuir en foule; de sorte que les Syracusains venant sur eux dans ce désordre, n'en laisserent pas

873.

B iiij

un seul en vie. Le Général même des Mamertins, après une défense très-courageuse, couvert de playes & presque mort, fut pris encore vivant : il fut porté en cet état dans le camp du Roi, & recommandé à ses Medecins. Ainsi fut accomplie la prédiction des Haruspices dont nous avons parlé plus haut, & par laquelle il étoit annoncé à Cion qu'il coucheroit dans le camp des ennemis. Pendant que le Roi recommandoit fortement ce prisonnier à ses Medecins, il arriva des gens qui amenoient un grand nombre de chevaux pris dans la bataille. Cion y reconnut celui de son propre fils, sur quoi il jugea aussi-tôt que ce jeune homme avoit été tué dans le combat. Là-dessus il arracha tout le bandage de ses playes, pour venger la mort de son fils par la sienne propre.

Les Mamertins apprenant la défaite de leurs compatriotes & la mort de leur chef, résolurent entr'eux d'implorer la clémence du vainqueur. Leurs affaires n'étoient pourtant pas encore absolument ruinées, car Annibal Commandant des Carthaginois se trouvant alors par hazard dans l'Isle de Lipare, & informé de la victoire signalée qu'Hieron venoit de remporter, l'alla trouver, en apparence pour le congratuler, & en effet pour employer à son égard une ruse de guerre. Le Roi se laissant tromper s'engagea à une treve, & Annibal passant incessamment à Messine y trouva les Mamertins déja disposés à rendre leur ville à Hieron. Il les dissuada vivement d'une pareille complaisance, & leur prêta le secours réel d'une très-forte (*a*) garnison. C'est ainsi que les Mamertins furent consolés & rétablis après une perte aussi considérable que celle qu'ils venoient d'essuyer. Au lieu qu'Hieron désabusé du siége de Messine par le puissant secours que le Capitaine Carthaginois venoit d'y introduire, revint à Syracuse ; ayant réussi d'ailleurs dans ses autres entreprises. Mais dans la suite Hieron se réunissant aux Carthaginois contre Messine, ils résolurent d'attaquer cette même ville avec toutes leurs forces unies ensemble.

(*a*) On trouve encore ici le nombre défectueux de XL.

LIVRE XXIII.

I. LA Sicile est la premiere & la plus belle de toute les Isles, comme étant celle dont la possession assure le plus la durée & l'accroissement d'une puissante domination.

874.

II. Hannon fils d'Annibal étant venu en Sicile, & ayant assemblé ses troupes dans Lilybée, s'avança jusqu'à Sélinunte, & après avoir posé son camp auprès de cette ville, il y laissa son armée de terre: de-là venant lui-même à Agrigente, il y fit bâtir une citadelle, après y avoir gagné le peuple en faveur des Carthaginois. Revenu à son camp, il y reçut des ambassadeurs de la part d'Hieron pour traiter de leurs intérêts communs: car ils étoient déja convenus ensemble de se réunir contre les Romains, si ces derniers ne sortoient pas incessamment de la Sicile. Ces deux Capitaines ayant amené leurs troupes auprès de Messine, Hieron posa son camp sur la colline qu'on appelloit Chalcidique; & les Carthaginois se posterent sur un terrain applani qu'on appelloit les lits, après que leur flotte se fut saisie d'une tour placée dans l'eau près du rivage, & qu'on appelloit Pelorias (*a*) ou monstrueuse, d'où ils battoient continuellement la ville. Dès que le peuple Romain fut instruit de cette entreprise, il envoya Appius Claudius, l'un de ses Consuls bien accompagné, qui arriva bien-tôt à Rhege. De-là le Consul députe à Hieron & aux Carthaginois des Officiers qui les somment de lever incessamment le siége de Messine, promettant de son côté & publiquement de ne point faire la guerre à Hieron. Celui-ci répondit qu'il attaquoit très-justement les Mamertins pour avoir détruit Camarine & Gela, & pour s'être saisis de Messine par fraude : ajoutant qu'il ne convenoit point aux Romains, de proteger une nation qui fouloit aux piés toute fidélité humaine, & qui s'étoit souillée de meurtres qu'elle s'étoit facilités par la trahison. Qu'ainsi les Romains continuant une guerre si injuste, feroient voir à toute la terre que sous le prétexte de la protection des malheureux, ils ne tendoient en effet qu'à l'augmentation de leur puissance, & à s'emparer

(*a*) Ceci sembleroit indiquer le Phare de Messine.

avant toutes choses de la Sicile.

III. Les Romains portoient d'abord des boucliers de fer en forme quarrée. Mais prenant garde ensuite que ceux des Tyrrheniens qui étoient d'airain & arrondis, étoient moins embarrassans dans l'action ; ils s'en firent faire de semblables, & dans la suite se rendirent supérieurs dans les combats à ceux mêmes qui leur avoient fourni ce modele.

IV. Le Consul étant parvenu jusqu'à Messine, Hieron soupçonna les Carthaginois de lui avoir livré passage, & dans cette pensée il se réfugia lui-même dans Syracuse. Peu de tems après, les Carthaginois ayant été vaincus dans un combat qu'ils hazarderent contre les Romains, le même Consul entreprit en vain le siége d'Ægeste, & fut obligé de le lever, après avoir perdu bien des soldats dans cette entreprise.

V. Les deux Consuls passés dans la Sicile y assiégerent la ville d'Adranum, & enfin la prirent d'assaut. Ayant formé dans la suite le siége de Centorippe, & campant alors aux portes d'airain, il leur vint des Ambassadeurs de la part des Læsinois, & bientôt après de plusieurs autres villes effrayées, pour leur demander la paix, & leur offrir de leur ouvrir leurs portes, & de se donner à eux. Ces villes étoient au nombre de soixante sept, dont les Romains prenant les troupes marcherent du côté de Syracuse pour y assiéger Hieron. Celui-ci voyant les Syracusains indignés contre lui du danger où il les jettoit, envoya des Ambassadeurs aux Consuls pour leur proposer quelque accommodement. Les Romains qui n'en vouloient alors qu'aux Carthaginois, reçurent favorablement cette ambassade, & accorderent à Syracuse une treve de quinze ans, & la restitution de tous ses prisonniers au prix de cent cinquante mille drachmes : permettant d'ailleurs à Hieron de retenir sous son commandement Syracuse, & les villes dépendantes de celle-là ; c'est à dire Acre, Leontium, Megare, Æiore, Neatine & Tauromene. Pendant que ces choses se passoient, Annibal étoit venu à la tête d'une flotte jusqu'à Xiphonie (a), pour donner du secours à Hieron, mais apprenant le traité qu'on venoit de conclurre, il se retira.

(a) Promontoire de la Sicile.

VI. Les Romains ayant assiégé pendant plusieurs jours les petites villes d'Adranon & de Macella, se retirerent sans avoir pu les prendre.

VII. Les habitans d'Ægeste soumis aux Carthaginois, se donnerent aux Romains; & les citoiens d'Aliene suivirent cet exemple. Mais les Romains emporterent de force Hilare, Tyritte & Aïcele. La ville de Tyndare mal soutenue par les Carthaginois, songeoit à prendre le même parti. Mais les Carthaginois se défiant de leur intention, enfermerent les principaux otages que les Tyndariens leur envoyoient dans Lilybée, où ils avoient déja une grande provision de blé, de vin & d'autres fournitures. Philemon (*a*), Poete comique, a laissé quatre-vingts dix-sept piéces de sa composition, ayant vécu 99. ans. Les Romains qui assiégeoient Agrigente, & qui avoient fait une circonvallation prodigieuse autour de ses murailles, étoient au nombre de cent mille hommes: ainsi les Carthaginois, malgré toute la vigueur avec laquelle ils la

_____

(*a*) Voyez son article & la liste de ces Comédies dans Fabricius tom. I. p. 779.

défendoient, furent obligés de la leur rendre.

VIII. Hannon (*a*) l'ancien, après la prise d'Agrigente par les Romains, amena de l'Afrique dans la Sicile, cinquante mille hommes de pié, six mille hommes de cheval, & soixante Elephans; suivant le rapport de l'historien Philinus (*b*) d'Agrigente même. Hannon abordé d'abord à Lilybée, passa ensuite à Heraclée, & là même il lui vint des Députés qui lui offrirent Erbese. Hannon sur ces avantages poursuivant la guerre contre les Romains, perdit en deux combats 50000. fantassins (*c*), deux cents cavaliers, & l'on fit sur lui trois mille cinq cents prisonniers de guerre, trente de ses Elephans furent tués & trois autres blessés.

IX. Entelle étoit une autre ville de la Sicile (*d*).... C'est ainsi qu'Han-

(*a*) Différent sans doute du fils d'Annibal, ci-dessus. art. 2.

(*b*) Voyez Vossius, *de Historicis Græcis*, liv. c. 17. p. 114.

(*c*) Rhodoman se défie beaucoup de tous ces nombres, & sur tout de celui de 50000. fantas- sins tués, & qui étoient tout ce qu'Hannon en avoit amenés.

(*d*) Il y a ici une Lacune qui paroît considérable, & qui tombe sur tout ce qui s'étoit passé à l'égard de cette ville.

non ayant pris un parti très-sage, furmonta en même tems ses ennemis & ses envieux (.)....Enfin les Romains après un siége de six mois se rendirent maîtres d'Agrigente, où il firent plus de vingt cinq mille esclaves. De leur côté ils avoient perdu trente mille hommes de pié, & quatre mille cinq cents cavaliers. Cependant les Carthaginois taxerent Hannon à une amande de six mille piéces d'or, après l'avoir dégradé; & ils donnerent à Amilcar le commandement de leurs troupes en Sicile. Les Romains assiégeoient alors la ville de Mystrate, & avoient construit bien des machines pour cette entreprise: mais sept mois de fatigues & une grande perte de leur part, n'aboutirent enfin qu'à lever le siége. Amilcar dans leur retraite alla au-devant d'eux jusqu'à Thermes où il les défit, leur tua six mille hommes, & peu s'en fallut qu'il n'exterminat toute leur armée.... la Forteresse de Mazaron avoit été prise par les Romains. D'un autre côté le Carthaginois Amilcar étoit entré dans Camarine par la trahison de quelques citoyens, & peu de jours après il se saisit de même d'Enna. Ensuite ayant élevé les murs de Drépanum, il en fit une ville, dans laquelle il fit passer les habitans d'Eryce, & abbatit cette derniere à l'exception de son temple. Les Romains assiégeant Mystrate pour la troisieme fois, la prirent enfin, la détruisirent totalement, & vendirent à l'Encan ce qui y restoit de citoyens. Le Consul passa de-là à Camarine qu'il assiégeoit sans pouvoir la prendre ; mais empruntant d'Hieron des machines de guerre, il en vint à bout, & fit vendre le plus grand nombre des prisonniers qu'il y avoit faits. Des traîtres lui livrerent ensuite la ville d'Enna : il y extermina une partie de la garnison, & le reste ne fut sauvé que par la fuite. Passant de-là à Sitane, il emporta cette ville d'assaut, & posant des garnisons en quelques autres places sur sa route, il arrive à Camicus qui appartenoit aux Agrigentins. Cette forteresse lui fut livrée par quelques traîtres, & il y mit une forte garnison. Erbese fut abandonnée par ses propres citoyens (*a*).

X. L'homme raisonnable doit vain-

(*a*) Il est parlé ici du fleuve Aïycus dans une ligne, qui d'ailleurs ne signifie rien.

ore ou céder au vainqueur.

XI. C'est dans le tems des adversités que les hommes ont fréquemment recours aux Dieux : mais dans la prospérité, & lorsque toutes choses leur réussissent, ils traitent de fables tout ce que l'on raconte au sujet de nos Divinités. Mais enfin, il y a dans l'homme un piété naturelle qui n'est pas sans cause.

XII. On peut se rendre supérieur à ses ennemis & à ses envieux, par de bons conseils; & sur tout en profitant de celui qu'on peut tirer des fautes des autres aussi bien que des siennes propres. Cette attention a conduit plusieurs hommes & en peut conduire encore d'autres à un très-haut dégré de sagesse & de vertu.... Ne (a) pouvant porter dignement le bonheur dont il étoit en quelque sorte accablé, il se priva d'une grande gloire, & jetta sa patrie en de grandes calamités.... Les Romains ayant passé en Afrique sous la conduite du Consul Attilius Regulus, furent d'abord

(a) On ne sçait sur qui tombe cette sentence, des fragmens sont tels qu'il plaît au hazard de les laisser.
Il s'agit de Regulus, lequel devant l'Arthege suffisamment

supérieurs aux Carthaginois, prirent sur eux plusieurs forteresses & plusieurs villes, & leur firent perdre un grand nombre de soldats. Mais dès que les Afriquains eurent mis à leur tête Xantippe de Sparte, Commandant gagé, ils remporterent une grande victoire sur les Romains, & leur détruisirent une grande armée. Il se donna plusieurs batailles navales, où les Romains perdirent un grand nombre de vaisseaux, & jusqu'à cent mille soldats : de sorte que toute la gloire de Régulus qui les commandoit fut changée en une cruelle ignominie, & devint pour tous les Généraux une leçon de modération dans les plus grands succès. Ce qu'il y eut de plus fâcheux pour lui est qu'il fut réduit à essuyer les insultes & les opprobres, dont lui-même avoit accablé les Carthaginois qu'il avoit d'abord vaincus ; s'ôtant ainsi à lui-même toute espérance de modération de la part de ceux qui pouvoient le vaincre, & qui les vainquirent effectivement à leur tour (a)..... Il jetta dans une déroute

(a) On sçait la mort cruelle que Regulus subit de la part des Carthaginois, parce qu'ayant été envoyé pour l'échange des prisonniers de

complete ceux qui venoient d'être pleinement vainqueurs : & par la grandeur de sa victoire il rendit les ennemis méprisables à ceux mêmes qui n'attendoient plus que la mort.... Il n'est pas nouveau que l'intelligence & l'expérience d'un Général amene des événemens qui paroissoient impossibles, d'autant que la prudence & l'adresse sont supérieures par elles-mêmes à la force seule.... Les grandes armées sont conduites par un Général, comme le corps est conduit par l'ame.... Le Sénat rapportoit tout à l'utilité publique.... Philistus dans son histoire....

Les Romains qui étoient passés en Afrique, & qui ayant combattu contre la flotte Carthaginoise, l'avoient vaincue, & s'étoient saisis de vingt-quatre de leurs vaisseaux, recueillirent ceux dès leurs qui étoient échapés de la

guerre, il conseilla aux Romains de refuser cet accommodement ; & vint lui-même se remetre entre les mains des Carthaginois, suivant la parole qu'il leur avoit donnée. Les Carthaginois le firent périr en l'enfermant dans un tonneau hérissé en dedans de pointes de fer. Voyez sur son sujet Valere Maxime *de Crudelitate*. Seneque le Philosophe en 5. ou 6. endroit de ses œuvres. Et Pline dans son petit traité des hommes illustres.

bataille de terre, & étant revenus vers la Sicile, ils furent attaqués en abordant à Camarine; là ils perdirent trois cents quarante vaisseaux longs & trois cents autres plus petits: de sorte que depuis Camarine jusqu'à Pachinus, toute la mer étoit couverte de débris de bâtimens, aussi bien que de cadavres d'hommes & de chevaux. Hieron recueillit avec beaucoup d'humanité & de bien-veillance ceux qui échaperent à ce désastre, & les ayant fournis de vivres, de vêtemens & de toutes les autres nécessités de la vie, il les fit arriver à Messine. Cependant le Carthaginois Chartalon, après la tempête que les Romains avoient essuyée, assiégea & prit Agrigente, dont il fit brûler les maisons & abbatre les murailles. Les citoyens échapés à ce désastre, se réfugierent à Olympium: & les Romains après avoir remplacé leur flotte perdue par une nouvelle, vinrent sur deux cents cinquante vaisseaux à Cephalœdium, dont ils se saisirent par voye de trahison. Passant de là à Drépanum, ils en formerent le siége; mais Carthalon venant au secours de cette place, le leur fit bien-tôt lever. De sorte qu'ils cinglerent vers Palerme, où ayant jetté l'anchre, & se postant dans le fossé même pour serrer de plus près la place, ils démolissoient les murs par le pié: & comme la ville étoit environnée d'arbres dans tout le terrain que la mer laissoit libre, les assiégeans avoient de quoi construire tous les ouvrages qu'on peut employer dans un siége. En effet les Romains étant venus à bout d'abattre un grand mur, tuerent beaucoup de monde dans cette partie dont ils étoient déja maîtres. Le reste des citoyens se réfugia dans le cœur de la ville, & envoyant de-là des députés aux assiégeans, ils ne demandoient que la vie sauve. Les vainqueurs convinrent avec eux de leur laisser la liberté au prix de deux mines par tête. Ils la donnerent en effet à tous ceux qui trouverent cette somme & les laisserent aller. Mais pour ceux qui ne purent pas la fournir, & qui montoient encore au nombre de trente mille personnes, ils les pillerent eux & leur maisons. Cependant les citoyens d'Iete chassant leur garnison Carthaginoise, livrerent leur ville aux Romains: & ceux de Solunte, de Petrine, d'Enatere & de Tyndaris sui-

Livre XXIII.

virent leur exemple. Enfin les Consuls laissant une garnison dans Palerme, passerent à Messine.

L'année suivante les Consuls ayant entrepris de faire une autre descente dans la Libye, les Carthaginois les repousserent & les obligerent de revenir à Palerme. Les Romains s'étant mis en mer pour s'en retourner à Rome, furent accueillis par une tempête qui leur fit perdre cent cinquante vaisseaux, sans parler d'un grand nombre de barques chargées de leur pillage & de leur chevaux. Dans ces entrefaites le Préfet de Thermes voyageant pour ses affaires particulieres, fut pris par quelques soldats de l'armée Romaine. Pour se tirer d'entre leurs mains, il fit dire à leur Commandant que si on lui rendoit la liberté, il s'engageoit à lui ouvrir dans une nuit marquée la porte de la ville dont il étoit chargé. Le Commandant Romain acceptant cette offre, fit relâcher le prisonnier, & envoye un corps de mille hommes à cette porte un peu avant l'heure désignée. Le Préfet leur ayant ouvert au moment convenu, & les principaux des Romains envoyés-là étant entrés les premiers, firent aussi-tôt fermer les portes dans le dessein de profiter seuls du pillage de cette ville. Cette lâche cupidité eut bientôt la punition qu'elle méritoit; & ces premiers entrés furent tous égorgés dans un moment. Dans la suite les Romains s'emparerent de Thermes & de Lipare. Mais ils furent obligés d'abandonner leur entreprise sur la forteresse d'Ercta, quoiqu'ils l'eussent environnée de quarante mille hommes de pié & de mille chevaux.

Asdrubal, Commandant des Carthaginois, apprenant qu'on parloit mal de lui, sur ce qu'il ne donnoit point de combat, se mit en marche à la tête de son armée, pour arriver à travers toutes les difficultés du pays des Selinuntins jusqu'à Palerme; & ayant passé le fleuve qui coule aux environs de cette ville, il campa auprès de ces murs, sans s'être environné de fossés ni de palissades, précaution qu'il avoit négligée par le peu de cas qu'il faisoit des ennemis. Là-dessus des Marchands de vin en ayant apporté une quantité extraordinaire dans son camp; les Celtes (*a*) qui faisoient une parti considérable de son

(*a*) Peuples des Gau-|les & pays voisins,

armée

armée en burent jusqu'à l'yvresse, ce qui donna lieu à un désordre général & à des cris sans fin. Le Consul Cæcilius prit ce temps-là pour les attaquer. Il les extermina sans beaucoup de peine, & leur prit soixante Elephans qu'il envoya aussi-tôt à Rome, où ces animaux qu'on n'y avoit guere encore vus, causerent une grande surprise.

LIVRE XXIV.

I. Les Carthaginois avoient transféré à Lilybée les citoyens de la ville de Selinunte qu'ils avoient détruite. Mais les Romains pourvûs d'une flotte de deux cents quarante vaisseaux longs, accompagnés de soixante galiottes & d'autres petits bâtimens de toute forme, se montrerent devant Palerme, d'où ils passerent à Lilybée dans le dessein d'assiéger cette derniere ville; ils creuserent d'abord un fossé qui séparoit en cet endroit la pointe de l'Isle du continent: & sur ce terrain ils établirent des catapultes, des béliers, des tortues, & toutes les machines dont on a besoin dans un siége pour les travaux, ou pour l'attaque. Ils fermerent d'abord le port même de la ville par leurs soixante galiottes chargées de pierres & enfoncées dans l'eau. L'armée Romaine étoit composée en tout de cent dix mille hommes, dont on destinoit à l'attaque soixante mille hommes de pié, soutenus par sept cents hommes de cheval. Les assiégés reçurent de la part des Carthaginois un renfort de quatre mille hommes, & des provisions de vivres, ce qui renouvella leur courage, & celui d'Asdrubal qui devoit soutenir le siége. Les Romains instruits de cette nouvelle, & par conséquent de l'insuffisance de leurs travaux précédens, pour fermer le port, redoublerent le nombre des poutres, des ancres & de toutes les matieres de bois & de fer, qu'ils jetterent encore au fond de l'eau. Mais une tempête violente qui s'éleva détruisit la liaison de toutes ces pieces. Ils construisirent aussi une machine à jetter des pierres, & les Carthaginois éleverent un mur intérieur à leurs remparts. Les assiégeans comblent aussi-tôt le fossé extérieur qui environnoit la ville, quoiqu'il eut soixante coudées de largeur & quarante de profondeur. Le combat s'étant donné au pié du mur bâti le long de la mer; les deux partis tenterent de se faire tomber réciproquement dans le piege. Car les assiégés sortans en foule pour venir au rendez-vous du combat qui devoit se donner entre la muraille & la mer, les assiégeans avoient déja disposé des échelles pour monter sur les remparts & s'étoient en effet deja emparés du mur extérieur. Mais d'un autre côté le capitaine Carthaginois laissé à la garde du dedans de la ville, tomba sur ce corps de troupes, leur tua dix mille hommes, & obligea (*a*) tout le reste à se précipiter, ou à s'échaper de quelque autre maniere. Les assiegés pousserent leur avantage plus loin. Car sortant en foule, ils détruisirent toutes les machines des Romains, leurs tortuës, leurs beliers, leurs pierriers, leurs instrumens à fouir la terre; le vent même vint à leur secours, & anima le feu qu'ils avoient mis à toutes les espéces d'instrumens où il entroit principalement du bois.

Du reste les Carthaginois voyant

(*a*) La traduction est ici un peu plus étenduë que le texte.

que les chevaux leur étoient fort inutiles par la nature du terrain où Lilybée se trouvoit bâtie, les envoyerent tous à Drépanon ; & il leur vint en même-tems de grands secours de Carthage. Les Romains au contraire, outre la perte de leurs machines, furent attaqués d'une peste causée par la disette des vivres ; car eux seuls & leurs alliés se nourrissoient de viande en ce tems-là dans la Sicile : de sorte qu'en peu de jours ils perdirent dix mille hommes de maladie ; & ils ne songeoient plus qu'à lever le siége. Mais Hieron Roi de Syracuse leur rendit le courage en leur envoyant de très-grandes provisions ; de sorte qu'ils persisterent dans leur entreprise. Cependant les Romains ayant changé de Consuls ; ce fut Claudius fils d'Appius qui fut chargé de continuer le siége, & qui renouvella les travaux, & des ouvrages qui furent encore emportés par la mer. Ce Consul naturellement présomptueux avoit fait équiper une flotte de deux cents dix voiles qu'il amenoit à Drépanum contre les Carthaginois : mais dans le combat il perdit cent dix-sept vaisseaux, & vingt mille hommes. Il feroit difficile de trouver en ces tems-là une victoire plus complete, non-seulement de la part des Carthaginois, mais dans l'histoire de quelque peuple que ce puisse être. Et ce qui est encore plus surprenant, est que les Carthaginois n'ayant là que dix vaisseaux, il n'y fut pas tué un seul homme, & il n'y en eut que très-peu de blessés. Peu de tems après Annibal fit partir pour Palerme un commandant à la tête de trente galeres qui amena à Drépanum un convoi de vivres que les Romains envoyoient à leur armée; & s'y étant fournis eux-mêmes de tout ce dont ils pouvoient avoir besoin, ils retournerent à Lilybée, où ils remplirent cette ville toujours assiegée par les Romains de toutes les provisions qui pouvoient lui être nécessaires. Mais de plus il y étoit déja venu de Carthage, le Preteur Carthalon à la tête de soixante & dix vaisseaux de guerre, & autant d'autres chargés de vivres. Ayant lui-même attaqué les Romains, il leur avoit coulé à fond quelques vaisseaux, & en avoit tiré cinq à terre. Apprenant ensuite qu'il venoit de Syracuse une flotte de Romains au secours de ceux qui assiegeoient actuellement Lilybée, il persuada à son conseil de guerre d'aller à leur rencontre avec six (*a*) vingts de leurs plus forts vaisseaux ; & les deux flottes se trouverent en présence l'une de l'autre à la hauteur de Gela. Les Romains effrayés de cette rencontre revirerent de bord pour revenir à la hauteur de Phintiade : mais en laissant derriere eux tous leurs vaisseaux de charge qui portoient les vivres. Les Carthaginois les poursuivant dans cette espéce de fuite, donnerent lieu à un combat violent, où ils leur coulerent à fond cinquante vaisseaux de haut bord (*b*), dix-sept barques de longueur, & en mirent treize hors de service : ce ne fut qu'à l'embouchure du fleuve Alicus qu'il penserent à leurs propres blessés.

Cependant le Consul Junius qui n'avoit point encore appris cette nouvelle, part de Messine à la tête de trente-six vaisseaux de guerre, suivis d'un assez grand nombre de vaisseaux de charge. Passant à la hauteur de Pachynus, & arrivé enfin à Phintrade, il fut consterné de cette défaite. Mais

(*a*) Je suis le chiffre grec préférablement au latin qui donne 220.

(*b*.) Je suis encore les nombres grecs.

bientôt instruit encore de l'approche des Carthaginois, il fit d'abord mettre le feu à treize barques inutiles ; & remit à la voile, pour retourner incessamment à Syracuse, où il esperoit de trouver un azile dans la cour du Roi Hieron. Mais aussi-tôt serré de près par les vaisseaux Carthaginois à la hauteur de Camarine, il se fit mettre à terre, & chercha sa sûreté en des lieux escarpés & couverts de bois. Cependant la tempête devenant toujours plus forte ; les Carthaginois eux-mêmes jugeant à propos de prendre terre à Pachinus, aborderent sur un rivage que sa position mettoit à l'abri de tout vent. Les Romains ayant eu là un grand combat à essuyer, perdirent d'abord tous leurs vaisseaux qui portoient les vivres, & outre cela cent cinq vaisseaux longs dont il restoit à peine deux qui ne fussent pas endommagés ; de sorte que la plus grande partie de leurs Nautonniers avoient péri en cette déroute. Le Consul Junius recueillant dans ces deux vaisseaux ce qui restoit d'hommes en vie, se retira au camp posé devant Lilybée. Il prit ensuite le château d'Erice de nuit, & environna d'un mur celui d'Agotalle appellé maintenant Acellus, où il laiſſa une garniſon de huit cents ſoldats. Carthalon de ſon côté apprenant qu'Eryce étoit occupée par les ennemis, tranſporta de ce côté-là un corps de troupes ſur des vaiſſeaux; & attaquant la citadelle d'Ægotalle, il l'emporta; & ayant mis par terre une partie de la garniſon, il réduiſit l'autre à ſe ſauver à Eryce. Cette derniere place étoit gardée par trois mille hommes : Dès le premier combat naval qui fut donné à ſon ſujet, les Romains perdirent trois (a) mille cinq cents hommes, & il fut fait ſur eux pour le moins autant de priſonniers de guerre.

II. On avoit bâti ſur le rocher du port de Catane un fort qu'on appelloit Italique. Il fut aſiegé par le Carthaginois Barcas.... Les ruſes de guerre imaginées par les généraux, & tous les projets dont ils font part à leurs confidens les plus intimes parviennent ordinairement à la connoiſſance des ennemis par les transfuges. Cette découverte ne manque guére de leur inſpirer de la crainte; & ils ſe croyent

---

(a) Le grec & le latin donnent ici le nombre de trente-cinq mille hommes qui m'a paru exorbitant.

dès-lors exposés à un très-grand danger & à leur perte prochaine. Barcas arrivé de nuit mit ses troupes à bord, & passant jusqu'à Eryce qui est à trente stades dans les terres, il emporta cette ville, dont il fit passer presque tous les habitans au fil de l'épée, & envoya le reste à Drépanum.... Il arrive toujours & en toute affaire que l'arrangement & le bon ordre procure de grands avantages....

III. Le Consul Calatinus à la tête de trois cents vaisseaux de guerre & de sept cents autres bâtimens moins considérables, ce qui lui faisoit en tout une flotte de mille voiles, passa dans la Sicile, & vint aborder au rendez-vous général des marchands d'Eryce. D'un autre côté le commandant Hannon parti de Carthage, & accompagné de deux cents cinquante vaisseaux, tant de guerre que de charge, ayant d'abord pris terre en l'Isle Sacrée, venoit de-là à Eryce : ce fut dans ce trajet qu'il se donna un grand combat naval, où les Carthaginois perdirent cent dix-sept navires, entre lesquels il y en eut vingt, dont il ne se sauva pas un seul homme. Les Romains se trouverent maitres de quatre-vingts de ces vaisseaux, dont on garda trente pour les frais, en abandonnant les cinquante autres aux soldats. Les Prisonniers Carthaginois monterent au nombre de six mille, suivant le rapport de Philinus (*a*); car d'autres n'en comptent que quatre mille quarante. Le reste de cette flotte ruinée profita d'un vent favorable pour se retirer à Carthage.... Il ne reste aucune ressource au courage, lors que le navire commençant à s'enfoncer, on ne peut plus s'y tenir de pié ferme, & que la mer vous livre en quelque sorte elle-même aux ennemis. La premiere guerre entre les Romains, & les Carthaginois ayant duré vingt-quatre ans, & Lilybée demeurant aux Romains après un siége de dix ans, les deux nations firent la paix entre elles.

LIVRE XXV.

I. LE Philosophe Epicure (*b*) dans son Livre des maximes généralement reçues, dit que celui qui ne

---

(*a*) Déja cité ci-dessus. L. 23. art. 8. (*b*) Il étoit né en l'Olympiade 109. an. 3.

s'écarte jamais des loix de la justice passe ordinairement sa vie sans trouble: au lieu que l'homme injuste s'attire à lui-même une infinité d'affaires fâcheuses qui ne le laissent jouir d'aucun repos : excellent principe, qui enferme beaucoup d'autres très-capables de guerir les hommes de toutes les inclinations perverses, qui pourroient les porter à nuire aux autres, & par conséquent à eux-mêmes. L'injustice est la source de tous les maux, non-seulement à l'égard des particuliers & des hommes d'une condition commune : mais elle a jetté dans les derniers malheurs les Rois, les peuples, & les nations entieres. Les Carthaginois, en guerre avoient toujours pour eux l'Espagne, la Gaule, les Isles Baleares, la province Africaine, la Carthaginoise proprement dite, la Ligurie, & beaucoup d'esclaves nés d'un Pere Grec, ou d'une mere grecque.... (*a*) On vit alors par l'expérience combien l'habileté d'un commandant l'emporte

qui répond au L. 16. p. 465. de Rhod. & au tems de Philippe pere d'Alexandre le Grand. V. l'article de ce Philosophe dans Fabricius.

vol. 2. p. 803.

(*a*) Je supprime ici un Fragment de trois mots : *qui & rebellarunt*. Qui se révolterent.

sur l'ignorance du vulgaire, & sur l'opinion précipitée d'un nouveau soldat.... Tel est l'avantage que ceux qui gouvernent tirent de la modestie, & de la moderation qui les empêche de rien entreprendre qui passe les forces humaines.... Au sortir de la Sicile les Soudoyez des Carthaginois se souleverent contr'eux sur les prétextes suivans......... Ils demandoient des dédommagemens exorbitans pour les hommes, & pour les chevaux qu'ils avoient perdus dans la Sicile.... Ils firent la guerre entr'eux pendant quatre ans & quatre mois. Ils furent enfin tous égorgés par le commandant Barcas qui avoit combattu courageusement contre les Romains dans la Sicile.

II. Le Carthaginois Amilcar dans le cours de sa Préture, avoit procuré des accroissemens considérables, à la puissance & à la gloire de sa Patrie; en conduisant sa flotte jusques aux colomnes d'Hercule & à Cadix. Les habitans de cette derniere ville sont une colonie de Phœniciens, établie à l'extrêmité de notre continent sur l'Ocean, où elle a un port. Cette Colonie ayant vaincu les Iberiens & les Tartessiens commandés par Istolatius chef des Celtes, & par son frere, détruisit toute la nation, en fit mourir les deux principaux chefs & quelques autres des plus considérables ; & elle ne conserva que trois mille hommes pris vivans dans le combat, & qu'elle fit passer dans ses troupes. Quelque tems après un autre de leurs capitaines nommé Indortés, ayant trouvé moyen de rassembler jusqu'à cinquante mille hommes, s'enfuit avant l'ouverture d'un combat qu'on lui présentoit, & se retira sur une hauteur. Attaqué là par Amilcar en pleine nuit, Indortés se met encore en fuite, après avoir perdu la plus grande partie de ses troupes ; & bientôt pris lui-même, il tombe vivant entre les mains d'Amilcar qui lui fait crever les yeux, & après toutes sortes d'ignominies le fait mettre en croix. Mais il renvoya plus de dix mille prisonniers qu'il avoit faits; il gagna aussi plusieurs villes par des promesses avantageuses, & en emporta quelques autres de force.

Dans la suite Asdrubal gendre d'Amilcar fut renvoyé à Carthage par son beau-pere, pour faire la guerre aux Numides qui venoient de se révolter contre les Carthaginois. Asdrubal dès le premier combat en mit par terre plus de huit mille, & en prit deux mille vivans : enfin la nation entiere réduite en servitude fut chargée d'un tribut annuel. Cependant Amilcar ayant soumis plusieurs villes en Espagne, y en bâtit une très-grande, à laquelle sa situation fit donner le nom de Roc-blanc. *Acra-leuca*. Mais ayant assiegé ensuite une autre ville nommée Helice, il se fixa dans les environs, en renvoyant la plus grande partie de son armée & ses élephans, au Roc-blanc pour y prendre leur quartier d'hyver. Mais Oriffon Roi dans le pays faisant semblant de prendre le parti d'Amilcar contre les Assiegés, se tourna tout d'un coup contre l'Assiégeant, & l'ayant attaqué, il le mit en fuite : & sauva ainsi ses fils mêmes, & les amis qu'il avoit dans cette ville ; après quoi il se retiroit par un autre chemin. Amilcar voulant le poursuivre entreprit de traverser un grand fleuve à gué sur son cheval, qui en se cabrant le jetta dans l'eau où il se noya. Mais Annibal & Asdrubal ses fils qu'il avoit menés avec lui arriverent sains & saufs au Roc-blanc...... Il est juste qu'Amilcar, quoique mort plusieurs siécles avant le nôtre trouve dans l'histoire l'Epitaphe avantageuse qu'il a méritée. Asdrubal son gendre apprenant la mort de son beau-pere leva aussi-tôt le siége d'Helice; & revint au Roc-blanc, où il ramena encore plus de cent élephans.

Ce dernier ayant été déclaré général par son armée, & par le Sénat même de Carthage, assembla d'abord cinquante mille hommes de pié déja tous exercés à la guerre; & dès la premiere bataille, il défit & tua le Roi Orisson: après quoi il fit périr par le fer tous ceux qui avoient causé la fuite d'Amilcar, & se mit en possession de leurs villes qui étoient au nombre de douze, & ensuite même de toutes les villes de l'Espagne. A quelque tems de-là ayant épousé la fille du Roi de cette Contrée, il fut reconnu par ses habitans commandant & souverain absolu de tout le pays. Il y bâtit sur le bord de la mer une ville qu'il nomma Carthage la neuve, & auprès de celle-ci une autre encore dans le dessein qu'il avoit de surpasser en tout son beau-pere Amilcar. Il avoit aussi levé une armée de soixante mille hommes de pié, de huit cents chevaux; & de deux cents éléphans. Mais tombant enfin dans le piége que lui avoit tendu un officier infidelle; il fut égorgé après avoir commandé neuf ans les armées de sa Patrie.

III. Les Celtes & les Gaulois entrant en guerre avec les Romains, avoient assemblé deux cents mille hommes; au moyen desquels ils gagnerent non-seulement la premiere, mais encore la seconde bataille qui se donna entre les deux peuples; de sorte même que l'un des deux Consuls fut tué dans celle-ci. Les Romains avoient alors sur pié cinquante mille hommes d'infanterie & sept mille hommes de cheval. Quoique vaincus deux fois ils se releverent, & parvinrent dans la troisiéme attaque à tuer aux ennemis quarante mille hommes, & à faire passer tout le reste sous le joug (*a*).... Le plus considérable des deux Rois ennemis se tua lui-même; mais le second tomba vivant entre les mains des vainqueurs. Æmilius fait Consul en récompense d'une victoire

---

(*a*) Le texte de Rhodoman porte ici l'indice d'une lacune; quoique la phrase qui suit semble se lier avec ce qui précéde.

si complette, ravage les terres des Gaulois & des Celtes, leur enleve plusieurs Forts, & remplit Rome des richesses qu'on recueillit de la dépouille de ces deux nations.

IV. Hieron de Syracuse envoya des vivres aux Romains dans le tems qu'ils faisoient la guerre aux Celtes: mais il en fut amplement payé après la conclusion de cette guerre.

V. Après un intervalle d'Anarchie, qui suivit le meurtre d'Asdrubal, la milice de Carthage se donna pour chef à la pluralité des suffrages, Annibal fils aîné d'Amilcar (*a*).... Dans le tems qu'Annibal (*b*) faisoit le siége de Sagunte ; les citoyens assemblerent dans un même lieu les vases sacrés de leurs temples. Là même ils apporterent encore toute la vaisselle qu'ils avoient dans leurs maisons, à laquelle ils joignirent les colliers, les pendans d'oreilles de leurs femmes, en un mot tout ce qu'ils pouvoient avoir chez eux en or & en argent qu'ils firent fondre en y mêlant du fer & du plomb,

(*a*) Nommé ci-dessus entière, & ŕ... n'est vers la fin de l'art. 2. ... p... e qu'à l fin d L.
(*b*) Annibal occupe 9. de la quatri'me ; C'est la troisième Decade de ...à-dire, L. 39. c. 36.
T. Live presque toute

pour le rendre inutile aux ennemis. Sortant ensuite de leurs murailles, & combattant avec une valeur heroïque, ils se font tuer jusqu'au dernier d'entr'eux, après avoir causé eux-mêmes une très-grande perte aux ennemis. Les Dames non moins résolues de leur côté, après avoir égorgé leurs enfans se jetterent dans les fournaises qu'elles avoient allumées : de sorte qu'Annibal entra enfin sans profit dans une ville en cendres. Les Romains s'étant plaints dans la suite des infractions qu'Annibal avoit faites à un traité qu'ils avoient passé avec lui, & ne pouvant en avoir raison donnerent lieu à une guerre qu'on a appellée Annibalique.

LIVRE XXVI.

I. IL n'y a aucun poëte, aucun historien, ni aucun autre de ceux qui travaillent à l'instruction des hommes par leurs écrits, qui parvienne à contenter tous les lecteurs : & il ne peut pas se faire qu'aucun Ecrivain, quand même il atteindroit parfaitement son but, se mette à l'abri de toute critique.

Phidias lui-même si estimé par la beauté des figures qu'il tailloit en yvoire, ni Praxitele qui sembloit communiquer à la pierre les passions humaines, ni Appelle, ni Parrhasius, qui ont porté la peinture à un si haut degré par l'excellence de leur coloris, n'ont point été assez heureux pour échaper à toute censure. Quels poëtes ou quels Orateurs ont été plus fameux qu'Homere ou que Démosthene, & quels hommes ont mené une ville plus irreprochable qu'Aristide (*a*) & que Solon ? Cependant on a lû des discours, où leur capacité & leur vertu sont attaquées. Pour dire même le vrai, quoiqu'ils eussent formé & exécuté l'un & l'autre d'excellentes entreprises, l'infirmité humaine ne leur a pas permis d'être en tout & par tout exempts d'erreur ou de faute. Il y a une espéce d'hommes jaloux, & d'ailleurs peu éclairés, qui sont peu touchés de ce qu'il y a de noble & de généreux dans le caractére & dans les actions d'un

───────────

(*a*) C'est celui qui est nommé au L. XI pp. 24. & 26. de Rhod. & de cette traduction. Tom. 3. pp. 60. & 91. en la derniere desquelles on lit Ariste au lieu d'Aristide par faute d'impression, il étoit parlé de Solon dans les Livres perdus entre le V. & le XI.

personnage de l'histoire, & très-capables au contraire de se prêter à une interprétation desavantageuse qu'on leur rend probable. Les actions humaines tirent leur prix non des passions ou du jugement d'autrui, mais du principe & du motif de celui qui les fait. D'ailleurs on ne peut assez admirer la malheureuse subtilité de ceux qui cherchent à se procurer de la gloire par le tour desavantageux qu'ils savent donner aux actions des autres.... Il y a certaines choses dans la nature qui ne paroissent faites que pour nuire comme la neige & la gelée à l'égard des fruits : mais comme l'extrême blancheur de la neige éblouit les yeux de ceux qui la regardent trop long-tems, il y a certains hommes qui incapables d'eux-mêmes de faire aucune action éclatante, s'en consolent ou s'en vengent en donnant un mauvais tour à celles qu'ils voyent faire à d'autres. Mais il convient aux esprits équitables d'accorder les louanges qui sont dûes à ceux qui ont porté la vertu au plus haut point où elle puisse atteindre, & de ne refuser pas même la portion qu'en ont mérité ceux à qui l'infirmité humaine n'a pas permis d'aller aussi loin

Livre XXVI.

que les premiers. Mais en voilà assez contre les détracteurs & les envieux.

II. A l'exemple (*a*) des Athletes qui se sont exercés long-tems avant que de descendre sur l'arene ; ils s'étoient acquis une grande experience, & ils avoient rassemblé de grandes forces.

III. Menodote de Corinthe (*b*) a écrit l'Histoire de la Grece en quatorze livres, & Sosilus d'Ilium celle d'Annibal en sept livres.

IV. La Légion Romaine étoit composée de cinq mille hommes.

V. Les hommes s'assemblent volontiers autour de ceux que la fortune favorise, & méprisent ou condamnent même ceux à qui elle devient contraire...... L'ame qui est immuable de sa nature se trouvera pourtant un jour dans une situation toute différente de celle où elle est aujourd'hui.

VI. La ville de Rhode (*c*) ayant

(*a*) Le texte Grec de cet article est extrêmement défectueux.

(*b*) Le Grec porte Perinthe qui étoit une ville de Thrace. Ce Menodote paroit n'avoir pas été connu de Vossius, qui ne parle que d'un Menodotus de Samos en sa p. 368. Pour Sosilus, il en fait mention en sa p. 114.

(*c*) V. au sujet de Rhode une note sur un endroit du L. 20. p. 809. de Rhod. où ce qui a été dit de principal touchant

été extraordinairement endommagée par un grand tremblement de terre; Hieron de Syracuse envoya pour la réparation de ses murailles le poids de six talens d'argent, & des cuves de ce métail d'un très-grand prix; sans parler de tout l'argent monnoyé qu'il fit tenir aux Rhodiens. Il les exempta aussi du tribut que lui devoient tous les vaisseaux chargés de vivres qui partoient de la Sicile.

VII. La ville qui porte aujourd'hui le nom de Philippopolis (*b*), s'appelloit autrefois Thebes Phtiotide.

VIII. L'usage continu des plaisirs & de tous les accompagnemens d'une vie molle & délicieuse, avoit alors détruit en eux la patience, la tranquillité, & la serenité même qu'ils conservoient dans la privation de toutes les commodités de la vie; & leurs ames, aussi-bien que leurs corps, s'étoient absolument effeminées. La nature ne revient pas volontiers à la frugalité dont elle est une fois sortie, & ne reprend pas aisément les travaux dont elle s'est lassée; elle se plonge au contraire de plus en plus dans l'oisive-

cette ville dans le cours de l'histoire de Diodore est rappellé.
(*b*) Ville de Thrace.

té , & dans le luxe dont elle a une fois gouté. Annibal s'étant emparé, par beaucoup de travaux & de fatigues, des villes qui appartenoient aux Romains dans le territoire des Brutiens, prit auffi Crotone & fe difpofoit à affieger Rhege : S'étant déja rendu maître jufqu'à cette ville, de tout ce qui appartenoit aux Romains du côté de l'occident, ou depuis les colomnes d'Hercule.

F I N.

FRAGMENS DE DIODORE,

Tirés de la Bibliotheque de Photius (a) depuis la p. 1143 jusqu'au bas de la p. 1190 de son texte, & employés par Rhodoman dans l'édition de son Diodore.

LIVRE XXXI.

Pag. de Rhc. I. 892.

Endant que ces choses se passoient il vint à Rome des Ambassadeurs de la part des Rhodiens, pour justifier cette ville des infidelités qu'on

(*a*) Photius qui a paru dans le milieu du neuviéme siécle a été l'homme le plus illustre de son tems par son esprit & par son savoir. Mais il a eu le malheur d'être le premier auteur du Schisme des Grecs, par son intrusion au Siége Patriarchal de Constantinople, à la place de St. Ignace, quoiqu'ils fussent l'un & l'autre de famille Imperiale. Mais St. Ignace étant mort avant lui, il se porta en quelque sorte pour son successeur.

Livre XXXI.

lui reprochoit. Car on disoit que dans la derniere guerre que l'on avoit eue contre le Roi Persée (*a*), les Rhodiens trahissant l'amitié & l'alliance des Romains, avoient favorisé leur ennemi. Ces Ambassadeurs ne réussissant point dans leur objet tomberent dans un grand découragement, & s'adressoient les larmes aux yeux aux principaux Citoyens de la ville. Antonius tribun du peuple les ayant introduits dans le Sénat, l'Ambassadeur Philophron exposa le premier l'objet de leur Ambassade, & Astimedés parla ensuite. Après avoir dit l'un & l'autre beaucoup de choses propres à fléchir leurs Auditeurs, & avoir même emprunté, suivant le proverbe, la voix du Cygne près de sa mort, on leur répondit à peine quelques paroles ; de quoi ils tirerent un augure favorable. Mais on les accabla ensuite de reproches sur l'infidélité dont il s'agissoit.... On voit que les grands hommes chez les Romains ne disputoient entre eux que de gloire : Emulation bien avantageuse aux peuples qui vivent dans un pareil

---

(*a*) Roi de Macedoine nommé par T. Live. L. 31. c. 28. Ce Roi son pere Philippe, & son frere Démetrius sont connus par le quarantiéme livre de T. Live.

gouvernement. Parmi les autres nations, les Puissans sont toujours jaloux & envieux les uns des autres: mais les Romains se louent & se soutiennent mutuellement; & ne s'occupant tous que de l'utilité publique, ce concours d'intentions les porte à faire de très-grandes choses: au lieu que chez les autres peuples, chacun cherchant par une gloire mal entendue à s'élever aux dépens des autres, ils se nuisent tous réciproquement, & font par-là de très-grands torts à leur Patrie commune.

II. Persée dernier Roi de Macedoine qui s'étoit souvent lié d'amitié avec les Romains, & qui souvent aussi leur avoit déclaré très-sérieusement la guerre, fut enfin vaincu (*a*), & pris par le consul L. Æmilius Paulus qui acquit par cette victoire l'honneur d'un triomphe distingué. Persée tombé en des malheurs tels qu'ils semblent être des fictions fabuleuses, ne renonçoit pourtant point encore à la vie. Avant que le Sénat eut déterminé par quel genre de supplice il falloit le faire passer, un des Préteurs l'enferma avec ses enfans dans la prison d'Al-

(*a*) T. Live. L. 45. 1 c. 7.

be. Cette prison est une caverne creusée fort avant sous terre, & de la grandeur d'une sale à dix tables, fort puante d'ailleurs à cause du grand nombre de criminels qu'on y détenoit, en attendant leur jugement. Il arrivoit à plusieurs de ceux qui étoient enfermés dans un lieu que le nombre des prisonniers rendoit étroit de s'y couvrir de poil, & d'y devenir aussi velus que des animaux. Comme les alimens & les autres besoins de la vie étoient assemblés là sans ordre, le tout ensemble causoit une puanteur insupportable. Il passa dans ce lieu là sept jours entiers, réduit même à demander quelques morceaux de pain à d'autres prisonniers ausquels on ne le donnoit que par mesure, & qui le lui cédoient en déplorant eux-mêmes sa situation. Quelques-uns d'eux lui presenterent un poignard & une corde, pour terminer une vie aussi malheureuse que la sienne (*a*). Mais on diroit que les malheureux se consolent de tous leurs maux par la vie même. Il l'auroit pourtant bientôt perduë dans cette situation, si M. Æmilius chef du Sénat

(*a*) Je change ici quelques phrases accessoires, pour la régularité du discours.

ayant égard à la dignité du prisonnier, & à l'honneur même de la Republique, n'eut fait des remontrances très-vives à toute l'assemblée ; en disant que si l'on n'avoit point d'égard aux jugemens des hommes, on devoit craindre au moins la Déesse Némesis armée contre ceux qui abusent de leur avantage. Là dessus on fit passer le captif dans une prison moins obscure, où se laissant flater d'espérances plus heureuses, il retomba dans des peines encore plus cruelles que les précédentes : car mis entre les mains de Satellites Barbares, qui se relevoient pour l'empêcher de dormir, il perdit la vie dans cette cruelle espéce de supplice.

III. Les Rois de Cappadoce font remonter leur origine à Cyrus Roi de Perse, & se font descendre en même-tems d'un des sept Perses qui tuerent le Mage usurpateur de l'Empire (*a*). Voici comment ils établissent leur généalogie. Atossa étoit sœur de Cambyse pere de Cyrus. D'Atossa & de son époux Pharnace Roi de Cappadoce naquit Gallus pere de Smerdis, qui

_____
(*a*) V. l'histoire des Mages dans le Justin des Elzevirs. *Amstel.* 1669. L. 1. c. 9.

eut pour fils Artamés pere d'Anaphas. Ce dernier fut un Prince d'un grand courage, & un des sept qui exterminerent les Mages (a). Il eut pour successeur un fils de même nom que lui. Ce dernier laissa deux fils Datamés & Arymmnée dont l'aîné Datamés lui succeda, Prince courageux, & doué de toutes les qualités d'un grand Roi. Mais ayant eu guerre contre les Perses, il fut tué dans un combat où il avoit donné de grandes preuves de valeur. Son fils Ariamnés lui succeda, & eut lui-même pour fils Ariarathés & Holopherne (b). Enfin Ariamnés mourut après un regne de cinquante ans, pendant lequel il ne se passa rien de mémorable. Ariarathés l'aîné de ses fils lui succeda. On rapporte de celui-ci qu'il aima extraordinairement son frere Holopherne, & qu'il le revêtit de toutes les dignités éminentes de son état. On ajoute qu'Ariarathés se joignit aux Perses qui portoient la

Ariarathés. I.

(a) On trouvera quelques différences entre le texte de Photius, employé par Rhodoman & le Photius d'Hœschelius Rouen. 1653. p. 1143. Rhodoman a fait entre les extraits de Diodore par Photius, un choix, ou du moins un arrangement auquel je me tiens.
(b) Quelques-uns écrivoient Oropherne.

guerre en Egypte, d'où il revint comblé des honneurs dont Ochus Roi de Perse l'avoit revêtu en considération de sa valeur. Il mourut enfin dans ses états, en laissant deux fils Ariarathés & Arisas son frere qui fut après lui Roi de Cappadoce, & qui n'ayant point d'enfans adopta Ariarathés l'aîné de ses neveux.

Ariarathés. II.

Ce fut à peu près en ce tems-là qu'Alexandre Roi de Macedoine passant en Asie renversa l'Empire des Perses, & mourut lui-même bientôt après. Perdiccas qui se trouva chargé en quelque sorte du soin de sa succession, envoya Eumenés pour commander en Cappadoce. Celui-ci ayant vaincu & tué Ariarathés dans le combat; la Cappadoce & les pays d'alentour furent réunis au nouvel empire de la Macedoine. Mais un troisiéme Ariarathés fils du Roi précedent, qui suspendit pour lors le dessein de remonter sur le thrône de ses Ancêtres, se retira dans l'Armenie avec le peu de troupes qui lui restoient. Cependant Eumenés & Perdiccas étant morts, & Antigonus & Séleucus s'occupant chacun de son côté de soins plus importans, Ariarathés emprunta des

Ariarathés. III.

troupes d'Ardoatus Roi d'Armenie; par le secours desquelles il tua Amyntas chef des Macedoniens qu'il mit hors de ses provinces, & recouvra le royaume de ses peres. Il eut trois fils dont l'aîné Ariamnés lui succeda. Il contracta alliance avec Antiochus surnommé Dieu, en épousant Stratonice fille d'Ariarathés, fils aîné de ce Roi. Cet Antiochus qui aimoit extrêmement ses enfans, donna lui-même le Diadême à son fils, & partagea avec lui tous les honneurs du thrône, sur lequel après la mort de son pere, il demeura seul. Mais mourant lui-même quelque tems après, il laissa pour successeur son fils nommé aussi Ariarathés, & encore dans la premiere enfance. Celui-ci épousa Antiochide fille d'Antiochus le grand, Princesse très-rusée. Comme elle n'avoit point d'enfans; elle trouva moyen d'en supposer deux à son mari Ariarathés & Holopherne : mais dans la suite devenant grosse elle-même, elle mit au monde contre toute espérance deux filles, & un fils nommé Mithridate. Avoüant alors à son mari la supposition précédente, elle lui persuada d'envoyer à Rome le premier de ses deux fils supposés avec

Ariarathés. IIII.

895.

Ariarathés V.

une pension mediocre, & le second en Ionie; afin qu'ils ne fissent aucun obstacle à la succession légitime de son véritable fils. On dit que celui-ci parvenu à la fleur de son âge, voulut prendre le nom d'Ariarathés, se fit enseigner toutes les sciences de la Grece, & se rendit célébre par ses vertus. D'un autre côté le Roi son pere songeoit à récompenser l'amour que son fils avoit pour lui, & leur bienveillance mutuelle alla au point que le pere voulant céder absolument la couronne à son fils, celui-ci déclara qu'il ne donneroit jamais l'exemple d'un fils monté sur le thrône du vivant de son pere. Il ne lui succeda en effet qu'après sa mort, & il conforma toute sa vie aux préceptes de la Philosophie qu'il avoit embrassée. Il arriva même delà que la Cappadoce, pays auparavant peu connu des Grecs, devint sous son regne une retraite favorable pour les savans & pour les sages. Il renouvella de plus & entretint toujours l'alliance qu'il avoit contractée avec les Romains. Nous terminerons ici la Genealogie ou la descendance des Rois de Cappadoce que nous avons fait remonter jusqu'à Cyrus.

Ariarathés. VI.

IV. On a fait de tout tems les figures, & les représentations des Romains distingués par leur noblesse & par la gloire de leurs Ancêtres; & ces figures rendent avec une fidélité parfaite, non-seulement les traits de leur visage, mais toutes les circonstances de leur taille: car il y a des Peintres ou des Sculpteurs qui à ce dessein observent pendant tout le cours de leur vie, leur maintien, leur attitude en marchant & toute l'habitude de leur corps. Chacune des grandes familles a dans sa maison ses Ancêtres revêtus chacun des marques de dignités ausquelles ils ont été élevés, & des honneurs ausquels ils sont parvenus.

V. Le Préteur Memnius qui avoit obtenu la décoration de six faisseaux, fut envoyé en Espagne à la tête d'une armée. Mais les Portugais tomberent sur sa flotte dans l'embarras de la descente, le battirent & lui firent perdre la plus grande partie de son équipage. Le bruit de cet avantage des Portugais s'étant répandu, les Tarragonois qui se croyoient bien plus vaillans qu'eux vinrent à mépriser les Romains; & ce fut à cette occasion que la nation assemblée en forme, entre-

896.

prit & déclara la guerre contre Rome.

LIVRE XXXII.

I. Alexandre (a), Roi de Syrie, vaincu par Démétrius, prit la fuite, accompagné de cinq cents hommes, du côté d'Abas ville d'Arabie, dans le dessein de se réfugier chez le Prince Dioclés, auquel il avoit déja confié son fils Antiochus encore dans l'enfance. Mais les chefs du parti du Capitaine Heliade, qui se trouvoient dans son armée, envoyerent à celui-ci des députés secrets qui lui offrirent de tuer Alexandre dans sa fuite. Démétrius lui-même favorisant ce projet, les traîtres exécuterent ce crime, par lequel fut accompli l'oracle qui avoit averti le Roi Alexandre d'éviter un lieu où l'on auroit vu un être à deux formes.

Avis au Lecteur.

Il s'agit dans le reste de cet ar-

___
(a) Sur cette querelle d'Alexandre avec Démétrius, Rhodoman renvoye aux Antiquités Judaïques de Joseph. l. 13. c. 8.

ticle de l'histoire d'une Hermaphrodite, nommée Heraïs, de la ville d'Abas, en Arabie. Elle avoit été épousée comme femme par un homme de la nation, & ce ne fut en effet que pendant l'absence de son mari, & à la suite d'une violente maladie & d'une éruption contre nature, qu'elle devint homme sans cesser d'être femme. Tout cela est accompagné dans l'Auteur d'un assez long détail que je crois devoir supprimer dans une traduction Françoise. Du reste Heraïs cessant dans la suite d'habiter avec son mari, se fit déclarer homme, prit le nom de Diophante, & alla même à la guerre. Au contraire son mari Samiadés, désolé de cette avanture, se donna la mort, en laissant tout son bien à sa femme, quoiqu'elle eut changé de sexe. Et comme cette avanture étoit arrivée à Abas d'Arabie : c'étoit-là le sens de l'avis donné au Roi Alexandre, tué dans ce même endroit, d'éviter un lieu où l'on auroit vu un être à deux formes. Mais à cette occasion l'Auteur rapporte encore deux faits semblables. Le premier arriva trente ans après dans Epidaure, à l'égard d'une fille appellée Callo, qui souffrit beaucoup entre les

897.

mains d'un Chirurgien, qui fut obligé d'employer des opérations très-douloureuses pour aider la nature qui tendoit à la faire changer de sexe. En étant néanmoins venu à bout, il demanda une double récompense : l'une pour avoir guéri une fille, & l'autre pour en avoir fait un homme. Cependant Callo par la seule addition d'une n, s'appella Callon. Mais comme elle avoit été Prêtresse de Cerés, la superstition & l'injustice de ces tems-là la firent d'abord appeller en jugement comme ayant vû des cérémonies ou des mysteres qu'il n'étoit pas permis aux hommes de voir.

Le second exemple d'Androgyne ou d'Hermaphrodite, rapporté par l'Auteur à l'occasion d'Heraïs, avoit paru dans le voisinage de Rome, au commencement de la guerre contre les Marses (a). Un mary qui avoit épousé une femme comme telle, crut devoir dénoncer son avanture au Sénat, & suivant les préventions grossieres & inhumaines de ces premiers tems, soutenues par les Haruspices, le Sénat condamna

___

(a) Peuple d'Italie Tite-Live liv. 22. c. 9. Il sera parlé de la guerre des Marses dans le premier fragment du liv. 37. suivant.

cette malheureuse femme à être brulée vive. Les Atheniens quelque tems après en userent de même à l'égard d'un sujet semblable. Ce sont peut-être des singularités de cette espece, dit l'Auteur en finissant cet article, qui ont fait imaginer les Hyænes, espece de monstres, qui d'une année à l'autre, deviennent alternativement mâles & femelles. Mais ce ne sont, ajoute-t-il, & fort sensément, que des accidens particuliers; ce qui doit nous guérir de la superstition, comme de la plus cruelle de toutes les erreurs humaines.

II. On dit que les murs de Carthage avoient soixante coudées de hauteur, sur vingt-deux d'épaisseur: ce qui n'empêcha point que les Romains animés par leurs exploits précédens, & munis d'ailleurs de toutes les machines qu'on peut employer dans un siége, ne l'emportassent (*a*) de force, après quoi ils la mirent au niveau de terre.

(*a*) Carthage fut prise & détruite par P. Cornelius Scipion, second Africain, l'an de Rome 608: & le 20. livre de Diodore, le dernier des livres complets, finit à l'an de Rome 451. suivant les dattes marginales. Ainsi la destruction de Carthage est arrivée 157. ans après la fin du 20. livre de Diodore & 143. ans avant l'Ere Chretienne.

III. Manaſſez, en Latin Maſſiniſſa, Roi en Afrique, & qui s'étoit toujours entretenu dans l'amitié des Romains, vécut quatre-vingt-dix ans dans une ſanté toujours égale, & mourut enfin en confiant à la République les dix (*a*) enfans qu'il laiſſoit après lui. C'étoit un homme fort & puiſſant, & accoutumé depuis ſon enfance aux exercices les plus vigoureux. Il ſe tenoit de bout des journées entieres, ou s'il s'étoit aſſis pour quelque ouvrage, il le continuoit juſqu'au ſoir ſans ſe lever de ſon ſiége. Il paſſoit à cheval un jour & une nuit tout de ſuite. Un ſigne de ſon merveilleux tempéramment, fut qu'arrivé à quatre-vingt-dix ans, il eut un fils, qui dès l'âge de quatre ans avoit une force extraordinaire. Il s'étoit extrêmement adonné pendant le cours de ſa vie à la culture des terres, il laiſſa à chacun de ſes enfans un champ de dix mille arpens d'étendue, fourni de tous les inſtrumens propres au labourage, & lui-même avoit adminiſtré ſon Royaume

_____

(*a*) M. le Préſident Bouhier dans ſes remarques ſur le ſonge de Scipion p. 409 remarque que les enfans de Maſſiniſſa paſſoient bien le nombre de dix.

Livre XXXII. 87

pendant soixante ans, avec beaucoup de sagesse.

IV. Nicomede faisant la guerre à son pere Prusias, le fit fuir jusque dans un temple de Jupiter, où il eut encore la barbarie de le tuer. Et ce fut par cet horrible parricide qu'il parvint à la couronne de Bithynie.

V. Les Portugais n'ayant pas d'abord à leur tête un chef assez habile, se laisserent vaincre par les Romains. Mais s'étant mis ensuite sous la conduite de Viriathus (*a*), ils jetterent les Romains à leur tour dans de grandes pertes. Celui-ci étoit né dans la partie du Portugal qui regarde l'Océan. Accoutumé dès son enfance à la profession de Berger, & ayant passé sa vie sur les montagnes, il y avoit acquis un tempéramment très-robuste. Il surpassoit en force & en légereté de corps tous les habitans de son pays. Il s'étoit même accoutumé à de violens exercices, qu'il ne soutenoit qu'au moyen d'une nourriture très-légere, & d'un sommeil très-

---

(*a*) Il étoit parlé de lui dans les livres 52. & 54. de Tite-Live, dont il ne reste que les sommaires. v. Justin l. 44. c. 2. Rhodoman dans ses notes sur cet article, renvoye aussi à Appien *de Bellis Hispanicis*.

court. Il avoit toujours sur lui des armes toutes de fer & très-pesantes; & il cherchoit à combattre contre des Brigands ou contre des bêtes sauvages. Devenu célébre dans sa patrie par ces sortes d'exercices, il se trouva bien-tôt chef de Bandits, & se rendit assez habile à la guerre pour y acquérir la réputation d'un grand Capitaine. Il étoit extrêmement équitable dans le partage des dépouilles qu'ils distribuoit toujours à proportion des preuves de valeur qu'on avoit données. Il eut souvent affaire aux Romains, & l'emporta sur eux plus d'une fois. Il vainquit entr'autres leur Commandant Vetilius dont il détruisit l'armée, qu'il prit vivant & qu'il tua de sa main. Il eut ensuite d'autres avantages, jusqu'à ce que Fabius (*a*) étant nommé Commandant contre lui, il commença à baisser de réputation. Cependant ayant encore rassemblé ses troupes, il prit de l'avantage sur Fabius même, & le réduisit à des conventions qui ne parurent pas dignes du nom Romain. Mais Cæpion (*b*)

(*a*) Q. Fabius Proconsul. T. Live l. 54. dont on n'a que le sommaire.

(*b*) Servilius Cæpio

qui fut mis ensuite à la tête de l'armée contre Viriathus, annulla ces conventions. L'ayant battu plus d'une fois, & réduit même à la derniere infortune, il le fit tuer par la trahison de quelques domestiques du vaincu. Il épouvanta de même Tantalus, successeur du mort, & ayant écarté ses troupes, il l'amena aux conditions qu'il lui plût de lui imposer, après quoi il lui accorda un territoire & même une ville pour habitation.

LIVRE XXXIV.

I. LE Roi Antiochus (*a*) forma le siége de Jerusalem, les Juifs le soutinrent courageusement pendant quelque tems; mais ayant consumé toutes leur provisions, ils furent obligés d'entrer en négotiation avec lui. La plûpart de ses confidens lui conseilloient d'emporter la ville de force, & d'exterminer la race des Juifs comme une nation qui ne contractoit alliance avec aucune autre, & qui les

---

(*a*) Surnommé Eupator, c'est le fait qui est présenté, mais sous un aspect différent, dans le I. livre des Machabées. c. 6.

regardoit toutes comme ennemies. On lui repréſentoit que leurs ancêtres avoient été chaſſés de toute l'Egypte comme des impies & des hommes haïs des Dieux. Que leurs corps étant couverts de dartres & de lépre on les avoit forcés de ſe réfugier en des lieux déſerts & inhabités. Qu'en conſéquence de cette expulſion, ils s'étoient réunis en corps dans un camp qu'ils avoient trouvé libre autour du terrain où Jéruſalem eſt actuellement placée, & que raſſemblés-là ils entretiennent enſemble la haine qu'ils ont pour tous les autres hommes. Qu'une de leurs loix eſt de ne ſe mettre jamais à table avec aucun étranger, & même de ne lui ſouhaiter aucun bien. On ajoutoit qu'Antiochus, ſurnommé l'Illuſtre (*a*), ayant vaincu les Juifs, avoit pénétré juſques dans le ſanctuaire, où ſuivant leur loi, il n'étoit pas permis d'entrer qu'au Grand-Prêtre. Le Roi vit-là une ſtatue de Pierre repréſentant un homme à grande barbe qui étoit aſſis ſur un âne. Il jugea que c'étoit Moyſe, fondateur de Jeruſalem

902.

(*a*) Epiphanès l'Illuſtre, pere du précé- | dent. Machab. l. 1. c. 1. v. 57.

LIVRE XXXIV.

(*a*), qui fit prendre de grands accroissemens à la nation, mais qui lui inspira en même tems par des loix odieuses, de haïr tous les autres peuples. C'est pour cela qu'Antiochus qui détestoit ces principes, fit immoler devant la statue de ce fondateur, sur un autel qui étoit à l'air au-dehors du temple, un grand pourceau, avec le sang duquel il voulut qu'on arrosât les Livres Sacrés des Juifs, qui ne respiroient que l'aversion & la haine pour les étrangers. Il fit éteindre aussi la lampe qu'ils appelloient immortelle, & qui bruloit perpétuellement dans leur temple. Mais de plus il força le Grand-Prêtre & les autres Juifs à manger des viandes qui leur étoient interdites par leurs loix. Tous les Officiers du Roi l'exhortoient vivement à exterminer la nation entiere, ou du moins à la forcer de prendre d'autres coutumes & d'autres mœurs. Mais le Roi qui avoit une grande élevation d'esprit, & qui étoit de plus extrêmement doux

---

(*a*) L'origine de cette capitale est bien plus ancienne, si on la fait remonter jusqu'au tems de Melchisédech, Roi de Salem, venant au-devant d'Abraham. Gen. c. 14. v. 18.

& humain, se contenta d'exiger des Juifs un tribut pour la sureté duquel il prit des ôtages : après quoi faisant raser leurs murailles, il oublia d'ailleurs toutes les accusations portées contre eux.

II. Les affaires de la Sicile ayant prospéré soixante ans de suite, après la ruine des Carthaginois, cette Isle vit naître la guerre qu'on appella servile, ou des esclaves, & dont voici l'origine. Les Siciliens ayant amassé de grandes richesses à la faveur de la longue paix dont ils jouissoient, avoient acheté un grand nombre d'esclaves ; & les particuliers les faisant venir d'un marché où on les tenoit tous ensemble, les marquoient d'un fer chaud pour les distinguer. On en faisoit des Bergers, s'ils étoient bien jeunes, & on employoit les autres à d'autres services. Mais on les traitoit tous avec une extrême dureté, & à peine leur donnoit-on le nécessaire pour la nourriture ou pour l'habillement. Il arriva de-là qu'une partie d'entr'eux s'adonna au vol ou au pillage, & le pays se remplissoit de brigands & d'assassins. Les Commandans des provinces entreprirent d'abord d'apporter quelque remede à ce désordre. Mais comme on n'osoit pas en faire une punition exemplaire, en considération des maîtres ausquels ces malfaicteurs appartenoient ; ces Commandans sembloient conniver à ce brigandage : car comme la plûpart des maîtres de ces esclaves étoient des Chevaliers Romains, Juges eux-mêmes des Intendans des provinces, ils étoient formidables pour ces Intendans.

Il arriva de-là que les esclaves opprimés & sujets à des flagellations fréquentes, résolurent entr'eux de se soustraire à ces vexations. Ainsi cherchant les occasions de s'assembler, ils conférerent assez long-tems entr'eux des moyens de secouer le joug de leur servitude, avant que de mettre comme ils le firent enfin, leur projet à exécution. Il y avoit parmi eux un Syrien de nation, né dans la ville d'Apamée, Magicien de profession, & fabricateur de prodiges, qui appartenoit à Antigene citoyen d'Enna. Il se donnoit pour un homme qui avoit le don de voir l'avenir dans ses songes, & il avoit déja imposé à un assez grand nombre de gens, par la prérogative qu'il s'attribuoit en cette matiere. Partant de cette imposture pour aller plus loin, il prétendit bien-tôt que les Dieux lui apparoissoient dans le jour même, qu'il s'entretenoit avec eux tout éveillé qu'il fut, & qu'ils lui révéloient l'avenir.

Or quoiqu'il ne débitat que les rêveries qui se présentoient à chaque fois à son esprit, le hazard fit que quelques-unes de ses prédictions se trouverent véritables. Ainsi personne ne relevant les fausses, & tout le monde faisant valoir celles que le hazard vérifioit, la réputation de ce faux Prophête s'accrut prodigieusement. Dans la suite même il s'avisa de faire sortir de sa bouche des flâmes artificielles, ou des étincelles qu'il accompagnoit de gestes & de contorsions de phanatique, quand il avoit quelques prédiction à faire ; de sorte qu'on ne doutoit plus qu'il ne fut inspiré par Apollon même : Quoiqu'au fond tous ses prestiges ne consistassent qu'à insinuer dans sa bouche des noyaux ou des coquilles de noix remplies de matieres inflammables. Avant même que de lever létendard de la révolte, il avoit dit à beaucoup de gens & à son maître

Livre XXXIV.

même, que la Déesse de Syrie lui étoit apparue, & lui avoit prédit qu'il seroit Roi. Comme on tournoit cette prédiction en risée, Antigene son maître se divertissant lui-même de l'extravagance de son esclave, le menoit avec lui aux repas où il étoit invité ; & là on demandoit à Eunus, car c'étoit le nom de cet insensé, comment il traiteroit dans le tems de sa Royauté chacun de ceux qui se trouvoient à table avec lui. Il répondoit sans se déconcerter à toutes les questions : déclarant sur tout qu'il seroit doux & humain, sur tout à l'égard de ceux qui avoient été ses maîtres. Par de semblables propos & d'autres encore plus impertinens, il faisoit rire tous les convives. En plusieurs maisons, on lui faisoit présent de ce qu'on enlevoit de plus exquis de dessus la table, en le priant de ne pas oublier ses anciens amis, lorsqu'il seroit monté sur le throne. Mais enfin toutes ces extravagances aboutirent à l'accomplissement réel de sa prophétie, & il fit exactement étant Roi tous les présens qu'il avoit promis à ceux qui ne les lui avoient demandés que par risée & pour se moquer de lui. Or voici quelle fut la cause actuelle & immédiate de cet évenement extraordinaire.

904.

Un citoyen d'Enna, nommé Damophile, que ses richesses avoient enorgueilli & rendu barbare, traitoit ses esclaves avec une sévérité cruelle, & sa femme, nommé Mégallis animoit encore son mari, & lui suggeroit tous les jours de nouvelles inhumanités. Les esclaves poussés à bout & désespérés, en vinrent à conclure entr'eux de se défaire de leurs maîtres. Ils s'adressent d'abord à Eunus, & lui demandent comme à un homme inspiré, si les Dieux autoriseront la vengeance qu'ils méditent. Eunus contrefaisant d'abord l'enthousiaste suivant sa coutume, leur répondit que les Dieux consentoient à leur entreprise, & il leur conseilla de plus d'en hâter l'exécution : ils s'assemblent aussi-tôt au nombre de quatre cents, & sous la conduite d'Eunus qui mettoit en usage son vomissement de flâmes, ils entrent dans la ville d'Enna. Là pénétrant dans les maisons, ils y font un massacre effroyable, sans épargner les enfans qu'ils arrachent du sein de leur mere pour les jetter contre terre : mais il est impossible de faire le détail des affronts

LIVRE XXXIV.

affronts honteux ou fanglans qu'ils firent à toutes les femmes en préfence même de leurs maris, foutenus qu'ils furent bien-tôt par les autres efclaves établis & logeans dans les maifons particulieres ; & qui après le maffacre de leurs maîtres, fe joignirent à ceux qui étoient venus de dehors, & ne firent qu'un corps avec eux.

Cependant Eunus apprenant que fon maître Damophile s'étoit retiré à la campagne avec fa femme, il envoya-là une efcouade de fes gens avec ordre d'amener le mari & la femme les mains liées derriere le dos, & qu'on feroit marcher en les frappant comme des animaux : mais en ménageant avec beaucoup d'attention leur fille, qui avoit toujours plaint les efclaves des mauvais traitemens qu'on leur faifoit effuyer, & qui leur avoit procuré tous les foulagemens qui étoient en fa difpofition : réferve qui marqueroit que la révolte actuelle n'étoit point une fédition aveugle & tumultueufe, mais un jufte châtiment des cruautés de leurs maîtres. Arrivés dans la ville, ils firent monter Damophile & fa femme Mégallis fur le théâtre public, où tous les révoltés s'éto'ent donné rendez-vous. Là Damophile qui avoit préparé sa défense, commençoit à gagner une partie des assistans. Mais H..mias & Zeuxis le traiterent d'extravagant, & sans attendre que le public prononçat sa sentence, le premier lui enfonça son épée dans le corps, & le second lui emporta la tête d'un coup de hache. Aussitôt Eunus est déclaré Roi par la voix publique : non qu'il eut donné des preuves particulieres de courage, ni qu'il eut jamais eu de commandement à la guerre, mais uniquement à cause de son enthousiasme prétendu, & parce qu'il se trouvoit le chef de la révolte actuelle & présente. Outre cela son nom (*a*) seul présentoit quelque chose de favorable & de bon augure pour ceux qui se soumettoient à ses ordres. Etabli donc souverain arbitre de toutes choses par les révoltés, il fit mourir d'abord tous les citoyens d'Enna qui avoient été pris vivans, à l'exception de ceux dont la possession étoit de fabriquer des armes; & d'ailleurs ceux-ci furent attachés à leur ouvrage comme des esclaves.

A l'égard de Megallis elle fut li-

(*a*) Εὔνους en Grec signifie bien-veillant.

vrée à ses esclaves, filles, pour en prendre la vengeance qu'il leur plairoit. Après lui avoir fait souffrir plusieurs sortes de tourmens, elles la jetterent du haut en bas d'un précipice. Eunus de son côté, fit mourir ses deux maîtres Antigene (*a*) & Python, après quoi il prit le diadême & les autres ornemens Royaux. Il déclara Reine en même tems Syra sa femme qui étoit de même nation que lui, & il se forma un conseil de ceux de ses camarades qui lui parurent les plus intelligens. Il y en avoit un nommé Achæus, & Achæen de nation, homme de bon conseil, & expéditif dans l'exécution. Au bout de trois jours de tems il eut plus de six mille hommes, munis de toute espece d'armes que le hazard leur avoit fournies, & il en rassembla d'autres armés de haches, de frondes, de faux, de bâtons brulés par le bout, de broches mêmes de cuisine, & qui l'aiderent à ravager toute la campagne des environs. Enfin ayant ramassé une infinité d'esclaves ou de gens sans aveu, il osa attaquer des Commandans d'armée & les Romains mêmes ;

(*a*) Le premier a été déja nommé ci-devant. | p. 903. de Rhod.

de sorte qu'ayant rencontré plus d'une fois des détachemens qui se trouvoient moins forts que lui, il avoit eu réellement l'avantage. En un mot il parvint à se voir à la tête de dix mille hommes de troupes reglées.

D'un autre côté cependant un certain Cleon de Cilicie, entreprit aussi de former une armée d'esclaves révoltés; cette nouvelle sédition fit concevoir l'espérance que ces deux partis s'attaquant l'un l'autre, & se ruinant réciproquement, délivreroient la Sicile du fleau cruel dont elle se voyoit alors infestée. Mais par un évenement tout contraire, ces deux bandes de séditieux s'unirent ensemble; Cleon se soumit pleinement à l'autorité d'Eunus, & le regardant comme Roi, il lui offrit les cinq mille hommes qu'il amenoit à son service, & qu'il ne commanderoit que comme son Lieutenant. A peine s'étoit-il passé un mois depuis cette seconde révolte, que le Commandant Romain Lucius Hypsæus arriva de Rome, & se mettant à la tête de huit mille Siciliens, il attaqua les révoltés, qui étant alors au nombre de vingt mille hommes, remporterent sur lui une victoire complete. Mais bien-tôt après cette victoire, ces vingt mille hommes s'augmenterent, & parvinrent jusqu'au nombre de deux cents mille : de sorte qu'entre plusieurs rencontres qu'il y eut entre les Romains & eux, ce furent eux qui eurent beaucoup plus de fois l'avantage. Le bruit d'un pareil succès étant parvenu jusqu'à Rome, y donna lieu à un complot qui se forma d'abord entre cent cinquante d'esclaves. Il y en eut un bien plus grand nombre dans l'Attique, où une pareille sédition assembla plus de mille hommes à Delos ou en d'autres lieux ; mais la vigilance des Magistrats & la promptitude des châtimens arrêta bien-tôt le progrès d'une si dangéreuse révolte. L'on ramena même à la raison par de sages remontrances plusieurs de ceux qui s'étoient laissé emporter d'abord à cette espece de fanatisme.

Mais le mal augmentoit de plus en plus dans la Sicile ; les rebelles y emportoient les villes, en faisoient prisonniers tous les habitans, & détruisoient mêmes des armées entieres : jusqu'à ce qu'enfin le Général Romain Rupilius, eut reprit Tauromene, après avoir amené les assiégés aux derniers excès de la famine, & les avoir réduits à manger d'abord leurs propres enfans, ensuite leurs femmes, & enfin à se manger les uns les autres. Il se saisit là de Camanus frere du Capitaine Cleon, lorsqu'il croyoit s'échapper par une porte : enfin le Syrien Sarapion lui ayant livré la ville en traître, tous ces esclaves tomberent au pouvoir du Commandant Romain qui les assiégeoit, & qui les ayant entre les mains les fit passer par toutes sortes de supplices avant que de les précipiter du haut en bas du rocher. Marchant de là vers Enna, il réduisit cette seconde place aux mêmes extrémités que la précédente, & lui ôta toute espérance de salut : Cleon qui avoit fait une vigoureuse sortie fut tué de la main même de Rutilius à la fin d'un combat qu'il avoit soutenu héroïquement. Le vainqueur fit exposer son corps, & voyant que la ville étoit imprenable de vive force par la nature de sa situation, il trouva moyen de s'en rendre maître par la fraude. Eunus prenant avec lui six cents de ces assassins se retira avec eux par crainte & par lâcheté sur un roc inaccessible.

Mais ses camarades qui furent instruits des approches de Rupilius qui venoit à eux, ne trouverent point d'autre ressource que de s'égorger reciproquement les uns les autres: pour Eunus ce Roi de Théatre & cet inventeur de prestiges grossiers, après avoir cherché honteusement à se cacher dans quelques cavernes souterraines, il en fut tiré avec quatre autres, son cuisinier, son patissier, celui qui le frottoit dans le bain & le plaisant de profession qui le divertissoit à la table: jetté enfin dans une prison à Morgantine, il périt devoré par la vermine dont il fut couvert. Rupilius parcourant enfin avec un corps d'Elite toute la Sicile, la délivra de ces Bandits en moins de tems qu'on n'auroit crû. Du reste le ridicule avanturier Eunus s'étoit donné le surnom d'Antiochus, & avoit fait prendre aux miserables qui le suivoient celui de Syriens.

LIVRE XXXVI.

I. Dans le même tems que Marius venoit de défaire dans un grand combat Bocchus & Jugurtha Rois d'Afrique, ausquels il avoit fait perdre une infinité de soldats ; & lorsqu'il avoit en sa possession Jugurtha prisonnier de guerre, qui lui avoit été livré par Bocchus même, dans la pensée qu'un présent de cette nature lui feroit pardonner la guerre qu'il avoit lui-même faite aux Romains ; dans le même-tems encore que les Romains venoient d'essuyer des pertes sanglantes dans la guerre qu'ils avoient eue contre les Cimbres dans les Gaules, ils apprirent que des milliers d'esclaves s'étoient soulevés dans la Sicile. Cette nouvelle jetta dans une grande perplexité la République, qui venoit de perdre contre les Cimbres une armée d'élite de soixante mille hommes ; & qui ne se voyoit pas de quoi fournir à la nouvelle expédition qui se présentoit à elle. Avant même la Rebellion des esclaves en Sicile, ils avoient essuyé en Italie des révoltes, qui à la verité n'avoient été ni longues ni considérables, & qui sembloient n'avoir servi que d'annonce & de présage à celles qui devoient s'élever dans la Sicile. La premiere avoit paru à Nucerie, où une trentaine d'esclaves soulevés furent bientôt punis de leur audace. La seconde arriva à Capoüe;

celle-ci quoique composée de deux cents hommes fut dissipée aussi promtement que la précédente : mais la troisiéme fut accompagnée de circonstances plus singulieres. Il y avoit à Rome un Chevalier Romain nommé Titus Minutius né d'un pere très-riche. Il se laissa gagner par les charmes d'une esclave très-belle qui ne lui appartenoit pas ; & après en avoir joüi, sa passion pour elle augmenta prodigieusement. Il en vint à cet excès de folie, que le maître de cette esclave ayant peine à la lui céder (*a*), il lui en offrit enfin sept talens Attiques, en prenant des termes pour le payement de cette somme. Le vendeur comptoit sur la richesse de l'acheteur ; & le jour de l'écheance s'approchoit, lorsque ce dernier demanda encore un délai de trente jours. Cependant sa passion augmentant, sans qu'il put rassembler l'argent promis, il conçût le noir projet de perdre son créancier, & en même-tems de s'emparer de la puissance souveraine. Dans ce dessein, il commanda cent armures completes,

---

(*a*) Nous avons évalué ailleurs e talent Attique à trois m. de livres, ce qui fait ici 21000. livres.

qu'il promettoit de payer dans un terme préfix, & qu'on devoit lui apporter secretement sur sa parole, dans une maison qu'il avoit à la campagne. Là ayant assemblé jusqu'au nombre de quatre cents esclaves fugitifs, il se revêtit de la pourpre, il mit le Diadême sur son front ; & soutenu par la troupe rebelle qu'il avoit autour de lui, il fit d'abord frapper de verges, & décapiter enfin ceux qui lui demandoient le prix de la fille esclave qu'il leur avoit enlevée. Il se saisit ensuite à main armée de tous les villages voisins. Il recevoit & fournissoit d'armes tous ceux qui venoient d'eux-mêmes se rendre à lui, & massacroit tous ceux qui lui faisoient quelque résistance. Ayant assemblé ainsi près de sept cents hommes, il les distribua par Centuries ; & s'étant formé un camp bien clos & bien muni, il y reçut tous les esclaves qui abandonnoient leurs maîtres : cette rébellion dura jusqu'à ce que la nouvelle en ayant été portée à Rome, le Sénat pourvût sagement à ce désordre, & en arrêta les suites.

508.

Il chargea un de ses Généraux qui étoit encore dans la ville, L. Lucullus, de châtier les esclaves fugitifs. Le même jour que celui-ci eut levé dans Rome six cents soldats, il partit pour Capoue, où il rassembla quatre mille hommes de pié, & quatre cents hommes de cheval. Minutius apprenant que Lucullus se disposoit à venir à lui, se saisit d'une hauteur déja fortifiée, où il se posta n'ayant en tout que trois mille cinq cents hommes. Dans la premiere attaque les Révoltés qui avoient pour eux l'avantage du lieu, se défendirent & repousserent les aggresseurs. Mais ensuite Lucullus gagnant par des présens considérables Apollonius le plus considérable des officiers de Minutius, & lui promettant l'impunité sur la foi publique, l'engagea à lui livrer tous les complices de la rébellion. Mais au moment qu'Apollonius, pour exécuter sa promesse, mit la main sur Minutius; celui-ci pour prévenir le supplice qui l'attendoit, se perça lui-même de son épée; & tous les compagnons de son entreprise à l'exception du seul Apollonius qui les avoit trahis, furent égorgés. Tout cela ne fut que le prélude de la grande révolte qui arriva dans la Sicile, & dont nous exposerons ici l'origine.

Dans l'expédition de Marius contre les Cimbres (a), le Sénat lui avoit permis d'emprunter du secours des peuples qui habitoient au-delà des mers, ainsi il s'étoit d'abord adressé à Nicomede Roi de Bithynie, pour lui demander par ses Ambassadeurs des troupes auxiliaires. Ce Roi répondit que la plufpart de ses sujets avoient été enlevés par les Publicains de Rome, pour être vendus comme esclaves dans les provinces de l'Empire Romain. Sur cette réponse le Sénat fit un décret, par lequel il étoit défendu de rendre esclave aucun homme né libre, dans toute l'étendue des provinces alliées au peuple Romain ; & il chargea en même-tems les Préteurs ou les Proconfuls de remettre en liberté tous ceux qui se trouveroient dans le cas dont il s'agissoit. En conséquence de ce décret Licinius Nerva alors Préteur en Sicile, fit examiner devant un Tribunal dressé exprès pour l'examen de cette espéce de Cause, l'état de tous les complaignans ; de sorte qu'en peu de jours il y en eut plus de huit cents qui furent restitués

(a) Appellés aussi Ju-Itæ peuple d'Iutland.

à leur premiere condition, & remis dans la liberté qui leur avoit été injustement & témerairement ravie. Mais cette équité même eut une suite dangereuse : car sur l'exemple que l'on venoit de voir, tous les esclaves de l'Isle conçurent l'espérance de leur affranchissement. Aussi-tôt les Personnages les plus importans de la province se rendirent auprès du Préteur, pour l'inviter de terminer là ses perquisitions sur cet article. Ce Magistrat, soit qu'il fut gagné par les présens des riches, soit qu'il voulut menager la faveur des grands abandonna toute recherche au sujet des esclaves, & il renvoya avec dédain à leurs maîtres, tous ceux qui venoient se plaindre à lui de la liberté qu'on leur avoit arrachée contre le droit de leur condition & de leur naissance. Aussi-tôt ceux-ci formant une ligue entre eux, sortirent d'abord de Syracuse ; & se rendant de concert dans le bois qui environne le temple des Palices (a),

---

(a) L'Auteur a parlé au long du bois & du temple des Palices dans le livre XI de cette histoire p 67. de Rhod. & de cette traduction. Tom. 3. pp. 166. 167. On y voit même que ce temple étoit un asile pour les esclaves maltraités.

ils prirent là des mesures entre eux pour une révolte générale : & le bruit de leur entreprise s'étant répandu au loin, les esclaves de deux freres très-riches de la ville d'Ancyre leverent les premiers l'étendart de la révolte, & se déclarant libres, prirent pour chef un nommé Oarius. Ils commencerent par tuer leurs maîtres dans le sommeil; & parcourant les maisons de campagne des environs, ils exciterent un grand nombre d'autres esclaves à se mettre en liberté ; de sorte que dès cette premiere nuit, ils se trouverent plus de six-vingts. Ils se saisirent d'abord d'un lieu fort par sa nature, & qu'ils fortifierent encore, à l'aide de quatre-vingts autres Révoltés qui étoient venus les joindre en armes. Licinius Nerva Préteur de la province qui s'étoit aussi-tôt mis en marche pour les chasser de leur fort, ne pût y réussir : de sorte qu'ayant recours à l'adresse, il fit promettre la vie à un certain Caius Titinius surnommé Gaddæus. Celui-ci avoit été condamné à la mort deux ans auparavant, & s'étant sauvé, il voloit & assassinoit sur les grands chemins tous les riches, mais ne faisoit aucun mal aux esclaves & autres gens de fa forte. Se préfentant donc au pié du fort, accompagné de quelques hommes qui lui reffembloient, il déclara qu'il venoit fe joindre aux Affiegés contre les Romains. Là deffus ayant été reçû & accueilli, il fut encore nommé gouverneur & commandant par les Affiegés. Mais il ne fit ufage de fon nouveau titre que pour livrer la place aux Affiegeans. Une partie des rébelles fut tuée dès le premier abord des ennemis, une autre pour prévenir le fupplice qui leur étoit refervé, fe jetta du haut en bas du mur & du rocher : c'eft ainfi que fe termina cette premiere fédition des efclaves de la Sicile.

Les troupes ayant été licentiées, on apprit qu'environ quatre-vingts efclaves s'étant attroupés avoient égorgé un Chevalier Romain nommé Clonius, & groffiffoient toujours leur nombre. Le chef de l'armée Romaine en Sicile, trompé par les faux avis qu'on lui donnoit avoit laiffé lui-même aux rébelles le tems de fe fortifier. Mais enfin il marcha contre eux avec le peu de troupes qu'il avoit encore auprès de lui : & ayant paffé le fleuve

Alba (*a*), il laissa les rébelles sans le savoir, sur le mont Caprian, & il vint jusqu'à Heraclée. Les esclaves ne manquerent pas d'imputer à la crainte qu'on avoit d'eux, la méprise de ce général, & par-là ils attirerent à leur parti un assez grand nombre de nouveaux camarades : de sorte que formant déja un corps considérable, & ramassant de part & d'autre, ce qu'ils purent trouver d'armes, ils se virent dans les sept ou huit premiers jours au nombre de plus de huit cents hommes, & monterent peu de jours après jusqu'à deux mille. Le Général Romain apprenant ce progrès dans Heraclée où il étoit, nomma pour commandant contre eux M. Titinius, & lui donna pour corps de troupes six cents hommes de la garnison d'Enna.

Celui-ci ayant attaqué les révoltés, qui étoient bien plus forts que lui, & par le nombre & par l'avantage de leur poste, fut battu : la plus grande partie de ses gens demeura sur la place ; & tout le reste jettant ses armes échappa à grand peine par la fuite. Les vain-

(*a*) Les Geographes ne citent que Diodore pour un fleuve Alba dans la Sicile.

LIVRE XXXVI.

queurs tirerent de-là une nouvelle audace, & il n'y avoit plus un seul esclave qui ne se crut à la veille de sa liberté. Ils abandonnoient leurs maîtres les uns après les autres, & en si grande foule qu'en très-peu de jours, ils se virent au nombre de plus de six mille. S'étant assemblés pour tenir conseil entr'eux, ils se donnerent pour chef un nommé Salvius, qui passoit pour se connoître au vol des oiseaux, & qui dans les fêtes ou solemnités où les femmes s'assembloient leur jouoit sans cesse de la flute. Aussi dans tout le tems de sa royauté, n'eut-il d'autre soin que d'entretenir l'oisiveté & les rejouissance publiques. Partageant son armée en trois corps, & donnant à chacun son chef, il leur prescrivit de courir tout le pays par bandes séparées, & de se rassembler tous ensuite dans le même lieu. Ayant ramassé par ce moyen un grand nombre d'animaux de plusieurs espéces, ils se trouverent fournis en peu de tems de plus de deux mille chevaux, & ils n'avoient pas moins de vingt mille hommes de pié qui même étoient déja formés aux exercices de la guerre. Ainsi s'attaquant d'abord à la ville de Morgantine, ils la pressoient par des assauts vigoureux & continuels. Le Préteur dans le dessein de la secourir s'avança de nuit vers ses murailles, ayant avec lui environ dix mille hommes, tant de l'Italie que de la Sicile même. Il trouva en arrivant les Rébelles occupés au siége de cette ville : ainsi se jettant sur leur propre camp, où il restoit peu d'hommes pour le garder, mais un grand nombre de femmes captives, une quantité prodigieuse de hardes & autres dépouilles amenées là ; il emporta aisément tout ce butin, & revint aussi-tôt devant Morgantine. Là les Révoltés se jettant tout d'un coup sur lui de la hauteur où ils étoient postés, eurent un grand avantage sur leurs aggresseurs, & mirent en fuite les troupes Romaines. Le chef des rébelles fit aussi-tôt publier l'ordre de ne tuer aucun des fuyards qui jetteroit ses armes ; & ce fut par cet expédient que la plu'part des Romains s'échapperent. Salvius ayant ainsi recouvré son camp, & gagné une victoire importante, recueillit une grande quantité de dépouilles. Il n'étoit pourtant pas péri en cette rencontre plus de six cents hommes tant Italiens que Sici-

911.

Livre XXXVI.

liens, à cause de la réserve qui avoit été prescrite par le vainqueur: Mais on fit quatre cents prisonniers. Cependant cet heureux succès ayant donné moyen à Salvius de doubler son armée, il se voyoit maître de toute la campagne: ainsi il revint devant Morgantine, & fit publier à son de trompe qu'il y donneroit la liberté à tous les esclaves. Mais les citoyens de cette ville leur ayant fait la même promesse s'ils aidoient leurs maîtres à se défendre, ils crurent trouver plus de sûreté dans la parole de ces derniers, & ils combattirent avec tant de zéle qu'ils parvinrent à faire lever le siége. Cependant le Préteur Nerva ayant annullé cette promesse des maîtres, donna lieu à la plusparts des esclaves de passer chez les ennemis. La contagion de ce mauvais exemple gagna alors les villes & tout le territoire d'Egeste & de Lilybée.

Le chef de ces nouveaux révoltés fut un nommé Athenion Cilicien d'origine, homme d'un très-grand courage. Celui ci chargé de l'administration du bien de deux freres, & se croyant très-profond dans l'art de la divination astronomique, assembla d'abord autour de lui deux cents esclaves sur lesquels sa fonction lui donnoit autorité; & gagnant ensuite quelques autres du voisinage il réunit bientôt plus de mille hommes. S'étant fait nommer Roi par eux, il prit le Diadême, & tint dans sa révolte une conduite toute différente de la leur. Il ne les recevoit pas tous indifféremment dans ses troupes; mais faisant choix des plus braves, il ne donnoit aux autres que les fonctions auxquelles ils étoient accoutumés, & ne leur demandoit que ce qu'ils savoient faire : par-là il procuroit à son camp toutes les commodités qu'on peut avoir à la guerre. Il supposoit encore que les Dieux lui avoient prognostiqué depuis long-tems qu'il deviendroit Roi de toute la Sicile; qu'ainsi ils devoient ménager eux-mêmes les animaux, & les fruits d'un territoire dont ils devoient bientôt jouir sous sa domination. Là dessus les assemblant au nombre de plus de dix mille, il entreprit le siége de Lilybée, ville imprenable par elle-même. Ainsi n'avançant point dans ce projet, il l'abandonna, en disant qu'il en avoit reçû l'ordre des Dieux, qui les menaçoit tous d'un revers funeste, s'ils perfiftoient dans leur entreprife.

Dans le tems même qu'ils fe difpofoient à la retraite; il entra dans le port de cette ville affiégée, une efcadre de vaiffeaux qui amenoient un renfort de troupes Morefques, toutes d'élite. C'étoit un fecours qui venoit aux Lilybéens fous la conduite d'un capitaine nommé Gomon. Celui-ci attaquant de nuit les troupes d'Athenion qui étoient déja en marche pour leur retraite, en tua une grande partie, en bleffa autant, & entra enfin dans la ville. Ce revers étonna beaucoup ceux qui avoient compté fur la grande pénétration de leur chef en matieres Aftrologiques, mais en général la Sicile fe voyoit livrée alors à un grand nombre de calamités, & de troubles.

Ce défordre ne venoit pas feulement des efclaves, les gens de famille libre qui fe trouvoient dans la pauvreté exerçoient toute forte de brigandages; & de peur que ceux qu'ils auroient volés, libres ou efclaves, ne portaffent leurs plaintes contre eux, ils les égorgeoient impitoyablement. Il arrivoit de-là que les citoyens regardoient à peine comme un bien qui fut à eux les vergers ou plans d'arbres ou de vignes qu'ils avoient à la campagne : & ils abandonnoient en quelque forte aux brigans & aux coureurs toutes les poffeffions qui ne pouvoient être clofes de murailles. En un mot il fe paffoit alors dans la Sicile un grand nombre de chofes contraires à l'honneur, & à la tranquillité d'une nation policée. Au refte ce même Salvius (*a*) qui avoit affiégé Morgantine, après avoir ravagé par fes courfes tout le pays qui s'étendoit depuis cette ville jufqu'à Leontium, raffembla dans cet efpace une armée de trente mille hommes choifis : là il voulut offrir un facrifice aux Heros de l'Italie, aufquels il confacra une de fes robes de pourpre, en reconnoiffance de la victoire qu'ils lui avoient procurée : & auffi-tôt fe déclarant Roi lui-même ; fes troupes lui donnerent le nom de Tryphon. Dans le deffein qu'il avoit de fe faifir de Tricala, & d'en faire le centre de fon Royaume ; il envoya des députés à Athenion comme de la part d'un Roi à fon lieutenant général. Sur cette hardieffe tout le monde fe

_____

(*a*) Ci-deffus. p. 9 1 1. 1 de Rhod.

persuada qu'Athenion soutiendroit son rang, & défendroit sa dignité : ce qui faisant naître la dissention entre les deux chefs, préviendroit peut-être les maux d'une guerre intestine, & dissiperoit les deux partis. Mais la fortune en augmentant les troupes de l'un & de l'autre, donna lieu aux deux chefs de s'accorder. Tryphon étant venu subitement avec son armée à Tricala, Athenion s'y rendit à la tête de trois mille hommes, avec toute la déférence d'un subalterne à l'égard de son commandant. Il avoit pourtant déja fait partir d'autres troupes, pour ravager les campagnes, & pour exciter par-tout les esclaves à la révolte. Cependant Tryphon soupçonnant dans la suite qu'Athenion pourroit bien se dégouter de la seconde place dans cette entreprise, s'assura de bonne heure de sa personne, & le fit mettre en prison : après quoi il fit fortifier la citadelle de Tricala déja très-forte de sa nature, & y fit faire des ouvrages qui pouvoient passer pour magnifiques.

913.

On dit au reste que le nom de Tricala (*a*) fut donné à cette forteresse,

———————
(*a*) Καλὸς en Grec signifie beau.

à raison de trois sortes de beautés dont elle étoit ornée. La premiere étoit des eaux de fontaine d'une douceur admirable. Elle étoit entourée de campagnes couvertes de vignes & d'oliviers, & dont la terre étoit propre à toutes les productions de la nature. Enfin le lieu étoit extrêmement fort par lui-même étant défendu par un rocher inaccessible. Tryphon l'ayant encore entourée d'une ville de huit stades de tour, fermée elle-même d'un fossé profond ; il s'étoit fait là un séjour délicieux, dans lequel il ne manquoit d'aucun des besoins, ni même des plaisirs de la vie. Il s'y fit élever un palais superbe, & fit construire au milieu de la ville un marché qui pouvoit contenir un nombre innombrable de personnes. Il s'étoit composé aussi un conseil ou un sénat d'hommes sages & éclairés, dont il prenoit les avis & dont il comptoit les voix dans l'administration de la justice. Quand il s'agissoit de prononcer une sentence, il se revêtoit d'une longue robe & d'un laticlave. Il se faisoit précéder aussi par des Licteurs armés de haches & de faisceaux, en un mot il se donna tous les indices extérieurs de la puissance souvraine veraine & de la suprême judicature.

Enfin pourtant le Sénat Romain voulant s'opposer à cette révolte, nomma pour commandant général L. Lucinius Lucullus, auquel il fournit quatorze mille hommes tant de Rome que du reste de l'Italie, & huit cents autres tirés de la Bithynie, de la Thessalie & de l'Acarnanie. On leur joignit encore six cents Lucaniens qui avoient à leur tête Cleptius homme supérieur en courage & en science militaire. On en fit encore inscrire huit cents autres : de sorte que leur nombre total montoit à près de dix-sept mille hommes. Lucullus entra ainsi accompagné dans la Sicile. C'est pour cela que Tryphon jugeant à propos d'oublier les sujets de plaintes particulieres qu'il avoit contre Athenion, ne songea plus qu'à conferer avec lui sur la guerre présente. Sa pensée étoit qu'il importoit sur toutes choses de se défendre dans Tricala même, & d'attendre là les Romains. Mais Athenion pensoit au contraire, qu'il étoit important pour eux de ne point se laisser enfermer, & qu'ils ne devoient se présenter à l'ennemi qu'en pleine campagne. Cet avis ayant prévalu, ils cam-

914.

perent auprès de Scirthée au nombre de quarante mille hommes complets. Le camp des Romains n'étoit là distant du leur que de douze stades : & on commença à s'attaquer de part & d'autre, par des insultes reciproques. En étant venu enfin à une bataille reglée, la fortune avoit tenu quelque tems le succès en la balance, & le nombre des morts étoit à peu près égal de part & d'autre, lors qu'Athenion accompagné de deux cents cavaliers choisis, couvrit d'hommes jettés par terre tout le terrain qui l'environnoit. Mais enfin blessé lui-même aux deux genoux, il reçut encore une troisiéme playe qui le mit hors de tout combat, & le rendit inutile pour le commandement même ; de sorte que tous ses soldats découragés & déconcertés se mirent en fuite. Pour lui se cachant dans le dessein de passer pour mort, il profita de la nuit qui s'avançoit beaucoup, pour se sauver lui-même. Ainsi les Romains remporterent en cette occasion une victoire complette, & sur Tryphon & sur son armée : car s'étant mis à la poursuivre, ils en firent périr encore vingt mille hommes. Tout le reste à la faveur de la nuit se réfugia dans

Tricala, où il auroit même été aisé au vainqueur de les détruire totalement. Car ces malheureux étoient tombés dans un découragement tel, qu'ils avoient projetté entr'eux de s'aller remettre eux-mêmes entre les mains & à la discretion de leurs maîtres, s'ils n'étoient ensuite revenus à l'avis de se défendre jusqu'à la mort, contre des gens dont ils s'étoient fait des ennemis irréconciliables. Cependant à neuf jours delà le général Romain vint assieger Tricala. Cette entreprise fut mêlée pour lui de succès & de désavantages; de telle sorte que les révoltés reprirent vigueur. Lucullus soit par négligence, soit par mauvaise intention ne faisoit rien de ce qu'il devoit faire ; de sorte qu'il fut enfin appellé en jugement par les Romains. C. Servilius qui fut envoyé pour prendre sa place ne fit rien non plus qui fut digne de mémoire, sur quoi même il fut condamné à l'exil, aussi-bien que Lucullus.

Dans l'autre parti Tryphon étant mort, Athenion fut pourvu du commandement à sa place : Tantôt il insultoit des villes, tantôt il ravageoit les campagnes, sans que Servilius se mit en devoir de s'opposer à ses incursions. Mais à la fin de l'année C. Marius fut créé Conful pour la cinquiéme fois avec C. Acilius. Celui-ci nommé commandant contre les rébelles, vint à bout par sa vigilance & par son courage de les détruire dans une bataille mémorable. Attaquant même personnellement Athenion, il eut contre lui un combat signalé dans lequel il le tua, quoiqu'il eut reçu lui-même une bleſſure à la tête; après quoi il mit en fuite & pourſuivit l'armée ennemie qui montoit encore à dix mille hommes. Or quoiqu'elle cherchat une retraite dans ses remparts, Acilius ne se déſiſta point de sa pourſuite, qu'il ne les eut tous en ſa diſpoſition. Il lui en manquoit encore mille que commandoit Satyrus. Mais comme ils se ſoumirent à lui par un député qu'ils lui envoyerent, il leur pardonna pour lors leur rébellion. Dans la ſuite, les ayant envoyés à Rome, il les deſtina à combattre dans les ſpectacles publics contre les bêtes feroces. On dit qu'ils terminerent leur vie, d'une maniere héroïque: en ce qu'étant préſentés dans l'Arene à ces animaux, ils s'égorgerent réciproquement les uns les autres devant les autels publics, & l'on ajoute que Satyrus ayant tué le dernier de tous ceux qui restoient avant lui, se donna héroïquement la mort à lui-même. Ce fut là la fin tragique que la guerre des esclaves eut dans la Sicile, après y avoir duré près de quatre ans.

AVERTISSEMENT.

C'Est ici la véritable place d'un chapitre de l'abrégé de l'Histoire Romaine, faite par L. Annæus Florus; que H. Etienne a cru à propos d'insérer parmi les fragmens de l'Histoire universelle de Diodore; ce chapitre de Florus contient une exposition de la guerre des esclaves appellée dans les Historiens, guerre servile, dont il s'est agi dans les articles précédens. On sçait du reste que Florus étoit de la famille du Philosophe Seneque, comme l'indique son prénom Annæus. Cet Historien, Espagnol de naissance, vivoit du tems de Trajan, 200. ans après Auguste. On le croit Auteur des sommaires de tous les Livres de l'Histoire Romaine de Tite-Live, & même du grand nombre de ceux qui sont perdus; quoique plusieurs croyent que ces som-

maires ont été faits par Tite-Live lui-même. J'ai consulté sur l'article dont il s'agit l'excellente édition de Florus à Leyde, chez Vander Linden 1722.

FLORUS. Liv. III. C. XIX.

Quoiqu'il y ait eu chez les Romains des guerres entre des alliés, ce qui est par soi-même funeste & odieux, du moins étoient-ce des hommes libres armés les uns contre les autres. Mais n'est-ce pas une honte pour un peuple Roi & maître des autres nations, que d'avoir eu à essuyer une guerre qui leur étoit faite par des esclaves. La premiere guerre servile commença dès les premiers tems de la République, dans le sein même de la ville, & lui fut déclarée par un nommé Herdonius Sabinus, lorsque la République étant agitée par les querelles des Tribuns, le Capitole fut assiégé & pris par le Consul. Cependant pour dire le vrai, ce fut plutôt-là un tumulte qu'une guerre. Mais l'empire Romain s'étant étendu depuis ce temps-là en différens lieux de la terre : qui est-ce qui croiroit que la Sicile fut plus maltraitée par la guerre servile, que par la guerre punique même ? Cette Isle fameuse, naturellement si fertile, & située en quelque sorte aux portes de Rome, fournissoit aux habitans de l'Italie des fonds de terres admirables, cultivés par un grand nombre d'esclaves qu'on tenoit emprisonnés & enchaînés. Ce furent ces esclaves mêmes qui firent naître cette guerre & qui la soutinrent. Un Syrien de nation nommé Eunus, & dont le nom ne s'est conservé que par les désastres dont il fut l'Auteur, s'avisa de contrefaire le fanatique ; & sous prétexte d'établir le culte de la Déesse de Syrie, il engagea comme par l'ordre exprès des Dieux, les esclaves ses camarades à se donner la liberté & à prendre les armes contre leurs maîtres. Pour faire croire qu'il agissoit en cela par une inspiration céleste, il mettoit dans sa bouche une noix creuse qu'il avoit remplie d'un peu de souffre, auquel il faisoit prendre feu, de sorte que la flamme sortoit avec ses paroles. Cette merveille assembla d'abord autour de lui deux mille hommes que le hazard en rendit témoins, & qui aidant ensuite à briser les prisons & les chaînes des esclaves, en tirerent de quoi faire une armée de plus de quarante mille hommes. Ajoutant pour surcroit à cette funeste révolte, tous les signes extérieurs d'une Royauté nouvelle; ils se mirent à ravager les châteaux, les villes & les villages qui se trouverent sur leur route. Mais ce qui fut le dernier dégré de la honte pour les Romains, les camps mêmes de leurs Préteurs furent enlevés; & l'histoire ne doit pas rougir de les nommer: ce furent les camps de Manilius, de Lentulus, de Pison, & d'Hipseus. Ainsi ces mêmes révoltés, ou ces mêmes déserteurs qui auroient du être ramenés par ceux qui étoient chargés de cette fonction (*a*), poursuivoient eux-mêmes les Préteurs Romains qu'ils avoient mis en fuite. Mais enfin le Commandant Perperna leur fit subir le châtiment qu'ils avoient mérité: car les ayant battus & assiégés ensuite dans Enna, il en fit périr la plus grande partie par la famine, & par les mala-

(*a*) Le texte des Variorum, change ici *fugitivos* en *fugitivarios*, gens préposés pour ramener les fuyards ou les déserteurs.

dies qui la fuivent; après quoi il fit jetter le refte de ces voleurs dans les fers, pour les faire enfuite mettre en croix les uns après les autres. Après un fi grand fervice rendu à fa patrie, il fe contenta de l'Ovation (*a*), ne voulant pas fouiller la majefté du triomphe d'une infcription auffi peu glorieufe que celle d'une victoire remportée fur des efclaves.

La Sicile refpiroit à peine de ce premier fleau, que de la guerre des efclaves commandée par un Syrien; on paffa à une guerre d'autres efclaves commandée par un Cilicien: Un Berger nommé Athenion, après avoir tué fon maître fit ranger fous fes enfeignes la troupe des efclaves du mort, dont il avoit brifé les chaînes. Lui-même fe revêtant d'une robe de pourpre, prenant à la main un bâton garni d'argent, & s'étant ceint le front d'un Diadême, affembla autour de lui une armée, qui n'étoit pas moindre en nombre que celle du Phanatique dont nous venons de parler. Se mettant à ravager les villes, les villages & les châteaux, avec encore plus de fureur

---

(*a*) Participation du Triomphe décrite p. 655. dans le Florus que j'ai indiqué

que le précédent, & comme s'il avoit voulu le venger, il exerçoit de plus grandes cruautés encore contre les esclaves qu'il regardoit comme des déserteurs, que contre les maîtres. Celui-ci défit aussi des armées Prétoriennes, & enleva les camps de Servilius & de Lucullus. Mais Aquilius, sur l'exemple que lui en avoit déja donné Perperna, poussa l'ennemi à la derniere extrémité en lui ôtant toute communication de vivres, & défit par la faim des troupes parfaitement bien armées. Ils se seroient rendus dès lors, s'ils n'avoient jugé plus à propos de prévenir par une mort volontaire les supplices dont ils étoient menacés : leur chef même quoique pris vivant ne les subit pas ; car il fut déchiré par la multitude de ceux qui s'étant saisis de sa personne, se disputoient les uns aux autres l'avantage d'une pareille prise.

Fin du chapitre emprunté de Florus.

SUITE DES FRAGMENS

TIRE'S DU LIVRE XXXVI.

DE DIODORE.

II. IL arriva de la ville de Peſſinunte en Phrygie, à Rome, un nommé Battacés, Prêtre de la grande Déeſſe mere des Dieux. Ayant déclaré qu'il venoit par leur ordre exprès, il ſe préſenta aux Magiſtrats & devant le Sénat; & là il déclara que le temple de la Déeſſe avoit été fouillé, & qu'il en falloit faire à Rome une expiation publique. Il portoit au reſte un habit & des ornemens extérieurs, tout-à-fait inuſités dans cette ville: car il avoit ſur la tête une couronne d'or d'une grandeur extraordinaire, & une robe ſemée de fleurs brodées en or, qui faiſoient reſſembler ſon habit à celui d'un Roi. Etant monté dans la tribune pour parler au peuple, qu'il n'entretint que de Religion, on lui prêta une hoſpitalité généreuſe & même magnifique. Mais un des Tribuns du peuple A. Pompeïus lui déclara qu'on lui interdiſoit

Pag. 915. de Rhodoman.

F vj

la couronne. Ayant été mené de là par un autre Tribun à la tribune aux harangues, on lui fit sur le sujet des expiations des temples un grand nombre de questions, auxquelles il donna des réponses qui marquoient uu homme dont la tête étoit remplie d'idées superstitieuses. Tiré de la tribune par les Officiers de Pompeïus, & renvoyé honteusement dans son hôtellerie, il ne se montra plus en public : mais il disoit à tout le monde qu'on avoit offensé, non seulement lui, mais la Déesse dont il étoit le Ministre. Là dessus il arriva que le Tribun fut attaqué d'une fiévre ardente, accompagnée d'une violente esquinancie, qui lui fit perdre la parole sur le champ, & la vie trois jours après (a); évenement qui fut attribué par plusieurs à la vengeance de la Déesse, dont on avoit offensé le Ministre ; d'autant plus que les Romains sont d'eux-mêmes très-superstitieux. C'est pour cela aussi que Battacés ayant eu autentiquement la permission de porter sa robe Sacerdotale, & comblé même de présens

___

(a) Nous avons remarqué plus d'une fois le foible de Diodore à l'égard des prédictions Payennes.

de la part des hommes & des femmes de la ville, sortit enfin de Rome & revint dans sa patrie.

III. La pratique des Romains étoit, que lorsqu'un de leurs Généraux, dans une bataille donnée contre leurs ennemis, en avoit laissé plus de six mille sur la place, il étoit déclaré Empereur, & salué comme tel. Ce nom dans la Grece & chez les autres peuples est rendu par celui de Roi.

✳✳✳✳✳✳✳✳✳✳✳✳✳✳✳✳✳✳✳✳✳✳✳

LIVRE XXXVII.

I. La guerre Marsique a tiré son nom de la révolte du premier peuple d'Italie qui y donna lieu : car d'ailleurs l'Italie entiere se joignit aux Marses contre les Romains. On dit que la premiere source de cette guerre fut le passage que les Romains firent de la tempérance & de la frugalité qui regnoit en leur ancienne maniere de vivre, & à laquelle seule ils devoient la grandeur & l'étendue de leur Empire, à ce débordement prodigieux de luxe & de débauche auquel ils s'abandonnerent dans la suite : car ce fut là précisément la cause de la division qui s'introduisit dans la République entre le Sénat & le peuple. Avec le tems, le Sénat ayant besoin d'être soutenu dans ses entreprises militaires par les peuples de l'Italie, leur promit le droit de Bourgeoisie qui étoit devenu l'objet de leur ambition & de leurs vœux, & s'engagea de le leur confirmer par une loi. Mais comme ils ne se pressoient point de tenir leur promesse; ce fut des Italiens mêmes que naquit l'incendie de cette fâcheuse guerre contre les Romains.

En la cent soixante & onzieme (*a*) Olympiade, L. Marcius Philippus, & Sex. Julius Cæsar étant Consuls à Rome, commença la guerre appellée Marsique, dans laquelle il y eut de part & d'autre des défaites sanglantes & singulieres, aussi bien que des prises funestes de villes. Il s'écoula un long espace de tems où la fortune paroissant balancer exprès entre l'un & l'au-

(*a*) Rhodoman traduit la 172e. Olympiade, quoique son texte Grec, & celui même du Photius d'Hœschelius, ne porte que la premiere Olympiade après la 170e. Si c'est la premiere année de l'Olympiade 171. Nous sommes ici à 205. ans de la fin du 20e. livre de Diodore, l'an de Rome 656. & à 95. ans avant l'Ere Chrétienne.

tre parti, paſſoit inceſſamment de l'un à l'autre, comme ſi elle n'eut voulu en favoriſer aucun. Cependant après la perte d'une infinité d'hommes des deux côtés, les Romains au bout d'un tems aſſez long, & au prix de bien des ſoldats qu'il leur en coûta demeurerent les maîtres & les Souverains, comme ils l'étoient auparavant. Ils eurent à faire tout à la fois aux Samnites, aux habitans d'Aſculum, aux Lucaniens, aux Picentins, à ceux de Nole, & de pluſieurs autres provinces ou villes. La principale de ces dernieres étoit Corfinium, que tous ces peuples regardoient en quelque ſorte, comme leur capitale commune, & qu'ils venoient de décorer de tous les édifices qui indiquent une grande ville, & qui en marquent la ſupériorité ſur les autres. On y voyoit un marché très-vaſte, & une grande maiſon de ville dans laquelle on gardoit toutes les eſpeces d'armes & toutes les machines qui pouvoient ſervir à la guerre, mais ſur tout l'argent que l'on deſtinoit à cet uſage. Il y avoit outre cela un Sénat compoſé de cinq cents perſonnes, d'où l'on tiroit tous ceux qui devoient être chargés des principales fonctions de la République, de la gloire de l'Etat, & de la sûreté des citoyens. Aussi ces Magistrats exerçoient-ils chez eux l'autorité souveraine. Ils firent une loi selon laquelle ils devoient nommer chaque année deux Consuls & douze Commandans d'armées. Dans l'année dont il s'agit, leurs deux Consuls furent Q. Pompædius (*a*) Silo, Marse de nation, le premier homme de sa province, & C. Aponius Motulus, Samnite d'origine & célebre entre tous ses compatriotes, par la gloire que ses actions lui avoient acquise. Ces deux Consuls ayant partagé l'Italie comme en deux provinces Consulaires, se chargerent chacun de la sienne. On confia à Pompædius le pays qui s'étend depuis Cercola jusqu'à la mer Adriatique du côté du Nord & du Couchant, en lui donnant six Capitaines pour aides & pour conseil. Le reste de l'Italie, c'est-à-dire, les provinces situées à l'Orient & au Midy, furent commises à la garde de C. Motulus, auquel on donna de même six adjoints. Après avoir mis leur gouver-

(*a*) Le texte de Photius porte ici à la marg. Popædius. p. 1166.

nement sous cette forme, qui pour dire le vrai étoit imitée des premiers tems de Rome & rappelloit la premiere institution de son Sénat; ils se livrerent tout entiers aux soins de la guerre qui se préparoit, en donnant à toute l'Italie le nom de patrie & même de ville unique & commune. Ils firent en effet la guerre aux Romains avec tant de zele & de courage, qu'ils leur furent presque toujours supérieurs; jusqu'à ce que le Consul Cneius Pompée nommé Général, & Sylla revêtu du même titre sous Caton l'autre Consul, ayant vaincu & battu les Italiens à plusieurs reprises, les réduisirent au point de ne pouvoir plus se défendre. Ils ne laisserent pourtant pas de fomenter la guerre encore quelque tems. Mais enfin C. Coscinius ayant été envoyé pour Commandant dans l'Iapyge (*a*), ils furent battus plus d'une fois; ainsi découragés par leurs défaites réitérées, ils abandonnerent leur nouvelle ville de Corfinium; d'autant plus que les Marses & les autres nations du voisinage se laissoient toutes entraîner dans le parti des Romains. Ainsi s'étant d'un com-

918.

(*a*) Vers la pointe orientale de l'Italie.

mun accord transportés tous à Æsernie, ville des Samnites, ils se donnerent cinq Préteurs, à l'un desquels nommé Q. Pompædius Silon, ils déférerent l'autorité absolue, à cause de son expérience & de sa capacité dans la guerre. Celui-ci, du consentement de tous les Préteurs ses associés, leva une grosse armée qui forma avec les Vétérans un corps de trente mille hommes. Outre cela, affranchissant les esclaves, & leur donnant des armes telles qu'on put les trouver, il fit encore un corps d'environ vingt mille hommes d'infanterie & de mille cavaliers. Etant venu à la rencontre des Romains, commandés alors par Mamercus, il en mit à la vérité quelques-uns par terre; mais il perdit plus de six mille hommes des siens. Metellus s'avançant de son côté dans la Pouille (*a*) avec une grosse armée assiégea & emporta Venusium, où il fit plus de trois mille prisonniers, & les Romains prenoient visiblement le dessus sur leurs ennemis.

Ce fut en ce tems là que les peuples d'Italie firent une députation en forme à Mithridate, Roi de Pont,

(*a*) Royaume de Naples.

qui se distinguoit alors par le nombre & par le bon ordre de ses troupes. Ils l'invitoient à passer incessamment en Italie pour y opprimer les Romains, dans l'espérance que cet ennemi étranger seroit capable de détruire leur puissance. Mithridate leur répondit qu'il conduiroit son armée chez eux, dès qu'il auroit soumis l'Asie, qui étoit alors son objet. Les rebelles déchus ainsi de leur espérance furent extrêmement découragés. Il restoit peu de Samnites en état d'agir, les Sabelliens se tenoient enfermés dans leur ville de Nole, & l'on ne voyoit plus que Lamponius & Cleptius qui commandoient encore le peu qui restoit de Lucaniens. Ainsi la guerre Marsique, paroissant être sur sa fin, & devoir être bien-tôt suivie de celle qu'on attendoit de la part de Mithridate; les mouvemens, les brigues & les partis dont on avoit vu des exemples en d'autres tems, se renouvellerent dans Rome pour le choix du Commandant qu'on devoit nommer pour une guerre de cette importance. La grandeur des récompenses qui devoient être attachées au succès contre un pareil ennemi, faisoient rechercher par les plus illustres citoyens de Rome la commission de le combattre. Les prétendans réduits enfin à deux C. Julius & C. Marius dont le dernier avoit été six fois Consul, sembloient partager également les suffrages du peuple. Et ce ne fut point même encore la le seul objet qui mit les esprits dans l'agitation & dans le trouble.

919. Le Consul Sylla partant de Rome se rendit à son armée déja assemblée devant Nole, & par l'effroi qu'il causa à plusieurs villes des environs, il les obligea de se rendre ; mais ayant entrepris ensuite son expédition en Asie contre Mithridate, dans le tems que Rome étoit agitée par bien des séditions & des meurtres ; M. Aponius & Tib. Cleptius, ausquels on peut ajouter encore Pompædius, Préteurs des peuples d'Italie non encore soumis, résidans tous dans la Brutie, assiégeoient toujours Isia, ville forte qu'ils ne pouvoient prendre. C'est pourquoi laissant une partie de leur armée devant cette place, ils en conduisent tout le reste devant Rhege ; espérant que s'ils pouvoient emporter cette derniere ville, ils feroient passer aisément de là leurs troupes dans la Sicile, & parviendroient bien-tôt à

Livre XXXVII.

se rendre maîtres de cette Isle, la plus gratieuse & la plus fertile qui soit éclairée par le soleil. Mais C. Urbanus qui la gouvernoit alors de la part des Romains comme Préteur, rassemblant son armée & toutes ses forces en grand appareil, fit trembler par ce seul préparatif les Italiens, & délivra en même tems la ville de Rheges qu'ils assiégeoient encore. Peu de tems après la guerre civile entre Sylla & Marius s'étant élevée, après une grande perte de citoyens de part & d'autre, ce qui restoit de vaincus s'attacha à Sylla demeuré vainqueur. Ce fut la véritable fin de la guerre Marsique, la plus forte qu'il y eut eu encore contre des peuples de l'Italie, & qui se termina conjointement avec une guerre civile entre les Romains mêmes.

II. On sortoit à peine de la guerre Marsique, lorsqu'une seconde guerre civile s'éleva dans Rome entre Sylla & C. Marius encore jeune, & fils de ce C. Marius qui avoit été sept fois Consul. Cette guerre coûta bien des milliers d'hommes à la République; mais la victoire demeura enfin à Sylla, qui ayant été fait dictateur, prit le surnom d'Epaphrodite, qui signifie cher à Venus. Quelque préfomptueux que parut ce titre, les effets ne le démentirent point, & il ne termina fa vie qu'au milieu des triomphes que fes victoires lui avoient procurés. Pour Marius quoiqu'il fe fut défendu jufqu'au bout avec un très-grand courage, vaincu pourtant enfin, il fe refugia dans Prænefte, avec dix mille cinq cents hommes, & s'y étant enfermé, il y foutint encore un fiége très-long : abandonné enfin de fon parti même, il ne trouva de reffource que dans la main d'un de fes efclaves qu'il conjura de le délivrer de tous fes maux ; & qui l'ayant tué en effet du premier coup de poignard qu'il lui porta, fe poignarda lui-même auffi-tôt après. Telle fut la fin de cette guerre civile, dont les reftes pourtant ayant donné encore quelque occupation à Sylla, furent enfin diffipés & anéantis.

920.

Mais à peine fut-elle éteinte qu'il s'en éleva une feconde (*a*) entre Pompée & Cæfar. On avoit donné au premier le furnom de Grand, en confidération des exploits qu'il avoit

_____

(*a*) Voyez les vies de Marius & de Sylla dans Plutarque, auffi bien que celles de Pompée & de Cæfar. Ce qui fuit va plus loin que la conquête des Gaules, où Diodore avoit annoncé qu'il finiroit.

déja faits ou sous les ordres de Sylla, ou commandant lui-même en chef. Mais enfin les Romains se virent rejettés par cette nouvelle division en de nouveaux troubles & en de nouveaux massacres. Pompée dans une défaite signalée perdit tout ce qu'il avoit de troupes, & vint périr lui-même dans le port d'Alexandrie où il fut égorgé, & ce fut par ce coup que le pouvoir immense des Consuls déja réduit à des bornes très-serrées, passa réellement tout entier à la personne de Cæsar : ce qui sembloit devoir terminer toute guerre intestine & civile. Mais après qu'il eut été égorgé lui-même, il s'éleva contre ses meurtriers Brutus & Cassius, une nouvelle guerre civile, qui leur fut déclarée par les deux Consuls Lepidus & Antoine conjointement avec Octavien Auguste. Cette guerre paroissoit finie par la défaite & par la mort de Cassius & de Brutus, lorsqu'on vit éclorre, & se former en guerre ouverte & déclarée la prétention réciproque d'Auguste & d'Antoine à l'autorité souveraine, qui après bien du sang répandu de part & d'autre demeura pleinement à Auguste. Celui-ci en jouit tranquillement pendant le reste de sa vie : & mit fin pour toujours à l'autorité Consulaire, déja déchue de son ancien lustre par les troubles qui amenoient visiblement son extinction totale & prochaine.

LIVRE XXXVIII.

Cinna & Marius ayant fait assembler en conseil les plus illustres Capitaines de ce tems-là (*a*), ils conféroient entr'eux des moyens les plus propres à rétablir la tranquillité publique. Le résultat de leur délibération fut de faire égorger les plus illustres de leurs adversaires qui pouvoient ébranler la disposition où ils avoient mis eux-mêmes les choses; afin qu'ayant purgé l'état de tous ceux qui pouvoient leur être contraires, ils gouvernassent tranquillement avec leurs amis l'empire dont ils s'étoient emparés. Aussi-tôt oubliant, ou plu-

---

(*a*) Ce qui suit jusqu'à la p. 92 : & derniere du texte de Rhodoman, ne se trouve pas dans le texte de Photius. Rouen. 1653. qui de son côté contient dix ou douze lignes qui ne peuvent pas être de Diodore, comme exposant des faits postérieurs à l'Auteur même.

tôt violant toutes les avances de réconciliation qu'ils avoient faites eux-mêmes, & toutes les paroles qu'ils avoient données ; on commença l'exécution de tous les proscrits sans écouter les justifications de personne. C. Lutatius Catulus entr'autres, qui après la défaite des Cimbres, avoit obtenu l'honneur du triomphe, & qui étoit singulierement chéri de tous les citoyens, fut cité par un Tribun du peuple comme digne de mort. Craignant le péril où le jettoit cette calomnie, il vint lui-même trouver Marius, & le supplia de l'aider dans une si fâcheuse conjoncture. Marius avoit été auparavant son ami, mais aliéné depuis par quelque soupçon, il lui répondit en un mot & sechement : il faut mourir. Ainsi Catulus renonçant à toute espérance de salut, & ne songeant plus qu'à éviter une mort honteuse, il imagina une façon nouvelle & inusitée de terminer sa vie : car s'enfermant dans une maison nouvellement bâtie, & dont la chaux étoit encore toute fraîche, il en augmenta l'odeur par le feu, & se laissa suffoquer par la fumée.

LIVRE XL.

DAns le dessein que nous avons de rapporter les différentes guerres qui ont été faites aux Juifs, nous croyons qu'il est à propos de dire un mot de l'origine & des mœurs de cette nation. Une grande peste s'étant répandue sur l'Egypte, la plûpart de ses habitans attribuerent ce fléau à quelque offense faite aux Dieux: car comme il abordoit-là des étrangers de toute nation, qui dans leurs sacrifices & les autres cérémonies religieuses apportoient les pratiques de leurs différens païs, il arriva de-là que le culte des Dieux, tel qu'il étoit établi dans l'Egypte même, souffrit de grandes altérations, & qu'il s'en étoit déja aboli une partie considérable. Là-dessus, les naturels du païs craignirent que s'ils ne chassoient incessamment ces étrangers, l'Egypte ne tombat dans des maux qui n'auroient plus de remedes. Ainsi ayant mis hors de leurs confins tous ceux qui n'étoient pas nés dans leur enceinte; une partie de ces derniers, hommes courageux &

distingués, servirent de chefs aux autres, pour les conduire dans la Grece, & en d'autres païs où ils arriverent après avoir essuyé différentes traverses dans cette transmigration. Entre ces chefs : les plus considérables furent Danaus & Cadmus. Mais le plus grand nombre de ces bannis se jetta dans cette région qu'on appelle maintenant Judée, qui n'est pas à la vérité bien éloignée de l'Egypte, mais qui dans ce tems-là étoit absolument déserte. Le chef de ceux-ci se nommoit Moyse, homme supérieur par sa prudence & par son courage. Ce fut lui qui se saisissant le premier de toute la contrée, y bâtit plusieurs villes, & la plus célébre de toutes, nommée Jerusalem : mais surtout il y construisit un temple singulierement respecté de tous les Juifs. Il enseigna à son peuple le culte de Dieu, & il institua les cérémonies de la Religion. Enfin il donna des loix à sa nation, dont il fit une République. Il la partagea en douze tribus, jugeant ce nombre le plus parfait de tous, comme répondant à celui des douze mois de l'année. Mais il ne voulut placer dans le temple aucune image des Dieux ; jugeant que la forme humaine ne convient point à la Divinité, & que le ciel (*a*) qui environne la terre est le seul Dieu & le seul maître de toutes choses. Il établit des cérémonies sacrées & des loix morales, très-différentes de celle de toutes les autres nations : car mécontent de ce que la sienne étoit bannie de l'Egypte, il lui inspira des mœurs qui tenoient quelque chose de l'inhumanité & l'inhospitalité : & choisissant entr'eux ceux qui étoient les plus agréables à la multitude, & en même tems les plus capables de la gouverner, il en fit les Prêtres de la nation. Il leur confia tout ce qui concernoit le culte Divin & les sacrifices : & les établit en même tems gardiens des loix, & juges dans toutes les causes importantes. C'est ce qui a fait dire que les Juifs n'ont jamais eu de véritable Roi ; & que le soin & le pouvoir de gouverner la multitude, a toujours été entre les mains de celui des Prêtres qui paroissoit surpasser les autres en vertu & en sagesse. Ils donnent à celui-là le nom de Grand-

---

(*a*) Fausse idée qu'avoit Diodore du vrai Dieu qu'adoroient les Juifs.

Prêtre, & ils le regardent comme l'interprete & le ministre des ordres de Dieu. C'est lui qui dans les assemblées publiques leur expose ses commandemens, & le peuple est si soumis dans ces occasions, que dès que le Grand-Prêtre se montre, ils se prosternent contre terre, & l'adorent comme l'interprete des volontés de Dieu même. A la fin du livre de leurs loix on lit ces mots : *Moyse rapporte aux Juifs ces paroles qu'il a entendues de la bouche de Dieu même.* Ce Législateur leur a laissé de très-sages instructions sur la guerre, au sujet de laquelle il exhorte les jeunes gens à s'armer de courage & de patience & les dispose à souffrir constamment tous les maux qui en peuvent être les suites. Il entreprit lui-même des expéditions contre les nations voisines : & ayant conquis beaucoup de païs, il le partagea également entre toutes les familles de son peuple ; de telle sorte pourtant que la portion des Prêtres étoit toujours la plus forte : afin que délivrés de toute inquiétude sur les besoins de la vie, ils s'appliquassent uniquement au culte & au service de Dieu. Il n'étoit point permis aux particuliers de vendre leur héritage, de peur que quelques-uns d'entr'eux devenant riches par ces acquisitions, ne se missent en état d'opprimer les pauvres, ce qui réduiroit bien-tôt la nation à un petit nombre de familles & de sujets. Il veilla beaucoup à l'entretien des enfans dans tout le païs, & comme on les y nourrissoit à peu de frais, la nation des Juifs a toujours été très-nombreuse: leurs pratiques à l'égard des mariages & des sépultures ont toujours été très-différentes de celles des autres peuples.

Mais dans la suite des tems, & surtout à la fin de la quatrieme race des Rois de Perse, détruite par Alexandre à la tête des Macedoniens, il se fit un grand changement dans les loix & dans le gouvernement politique des Juifs.

Fin des Fragmens de Diodore, tirés de Photius.

CONTINUATION DES FRAGMENS DE DIODORE,

Tirés du Recueil de Fulvius Ursinus.

Ces Fragmens sont la suite de ce qui en a été donné à la fin du second Volume de cette traduction depuis la p. 355. jusqu'au bas de la p. 359.

FRAGMENT III.

Es Ambassadeurs envoyés à Rome de la part de Nabis (*a*) & de Flaminius, pour y traiter de la paix, s'étant acquités de leur commission dans le Sénat ; l'avis de tout le corps fut de con-

Pages de Fulvius Ursinus.

314.

___
(*a*) On peut voir le portrait de ce tyran de

G iiij

firmer les traités, & de retirer de toute la Grece, & leurs garnisons & leurs armées. Flaminius instruit de cette disposition du Sénat, manda aussi-tôt & de toutes parts les principaux d'entre les Grecs, & formant d'eux une assemblée générale, il leur fit valoir cette bonne volonté de Rome à leur égard. Il entama même l'Apologie de Nabis, & prétendit qu'il n'avoit pû mieux faire. Il déclara ensuite que par un décret du peuple Romain toute la Grece étoit libre, exempte de garnisons Romaines, & ce qui est encore plus remarquable, se gouverneroit par ses propres loix. De son côté aussi il demanda une grace aux Grecs, à l'égard de tous les Italiens qui se trouveroient chez eux, ou esclaves ou prisonniers de guerre : sçavoir, qu'ils en fissent la recherche eux-mêmes, & que les ayant affranchis ou délivrés, ils les renvoyassent dans l'espace de trente jours ; ce qui fut aussi exécuté.

Lacedemone dans le 3. livre du Polybe de Casaubon. p. 674. où l'Auteur parle sur-tout d'une figure de femme qu'il avoit inventée, & qui en embrassant des hommes les perçoit de pointes de fer. Il est parlé de Nabis dans les livres 31. & 34. de T. Live. & Flaminius est celui qui vainquit deux fois Nabis. Florus L. 13. c. 3.

IV.

Le Sénat accorda une seconde audience aux Ambassadeurs de la Grece, & les écouta favorablement, dans le dessein d'attacher cette nation à ses intérêts ; par rapport à la guerre que l'on s'attendoit d'avoir bientôt avec Antiochus (*a*). On répondit cependant aux Ambassadeurs de Philippe Roi de Macedoine, que si ce Prince demeuroit fidéle à sa parole & à ses promesses, non-seulement on le soulageroit des tributs qu'on lui avoit imposés, mais qu'on lui rendroit même son fils Démetrius qu'on retenoit pour ôtage à Rome. A l'égard des envoyés d'Antiochus, le Sénat nomma dix de ses membres pour écouter les propositions qui venoient de la part de ce Prince. Ce fut devant ces dix que Menippe chef de l'Ambassade déclara que son maître n'avoit rien tant à cœur, que de lier amitié & societé avec Rome. Que d'ailleurs il s'étonnoit beaucoup que les Romains lui enjoignissent de ne se point mêler de certaines affaires de l'Europe, de retirer ses garnisons de

315.

(*a*) Surnommé le grand, Magnus.

certaines villes, & de ne plus exiger d'impôts de quelques autres. Car ce n'étoit point ainsi qu'on en usoit avec des amis entre lesquels doit regner l'égalité : & que le ton de commandement sembloit n'avoir lieu qu'à l'égard de gens actuellement vaincus. Que cependant ceux qu'il avoit envoyés à Lysimachie lui rendroient compte de l'état où se trouvoient actuellement les choses. Que du reste lui Antiochus n'avoit jamais ni déclaré, ni fait la guerre aux Romains, & qu'il étoit prêt de sa part à signer un traité d'alliance avec eux. Là dessus Flaminius (*a*) dit qu'il ne s'agissoit actuellement que de deux articles : l'un, que si le Roi renonçoit à prendre aucune part aux affaires de l'Europe, Rome se désisteroit de même de tout intérêt sur l'Asie : & l'autre, que si le Roi n'acceptoit pas cette condition, les Romains prêteroient du secours à leurs amis opprimés. Les Ambassadeurs ayant répondu qu'ils ne signeroient rien qui put faire quelque tort à l'empire de leur maître : le Sénat repliqua

---

(*a*) Fulvius dans ses notes sur ses fragmens, remarque que T. Live semble avoir emprunté d'ici tout ce qu'il dit en son L. 34. c. 58.

sur le champ que si Antiochus se mêloit le moins du monde des affaires de l'Europe, les Romains délivreroient aussi-tôt tous les Grecs de l'Asie. Les Ambassadeurs Grecs là présens ayant applaudi à ces paroles, ceux du Roi conjurerent le Sénat de peser les inconveniens de part & d'autre & de ne rien précipiter : & pour cela d'accorder à leur Roi quelque tems, pendant lequel le Sénat même délibereroit plus à loisir sur toutes ces choses.

V.

Les Ætoliens ayant envoyé faire au Sénat Romain des propositions de treve ou de paix ; le Sénat leur prescrivit ou de se livrer sur le champ à sa bonne foi, ou de payer actuellement mille talens d'argent. Mais eux mécontens de la brieveté de cette réponse ne firent ni l'un ni l'autre; ce qui les jetta en de grands dangers & en de grandes craintes. Car ayant pris sur le champ le parti du Roi ( ), ils ne trouverent dans la suite aucune ressource à leurs maux.

(*a*) Le Roi Antiochus surnommé le Grand. v. | T. Live L. 37.

VI.

Antiochus apprenant que les Romains étoient passés en Asie, envoya au Consul pour Ambassadeur Heraclide de Byzance chargé de lui demander une treve; en partageant ses conquêtes avec la Republique, à laquelle il cédoit Lampsaque, Smyrne & Alexandrie, trois villes qui sembloient être le principal objet de leur jalousie & de leur querelle présente: car elles étoient les trois premieres des villes grecques de l'Asie, qui se fussent adressées au Sénat pour obtenir leur liberté.

317.

VII.

Antiochus fit dire à P. Scipion qui étoit alors à la tête du Sénat, que s'il lui procuroit la paix avec les Romains, il lui rendroit son fils qu'il avoit pris aux environs de l'Isle d'Eubée; & que non-seulement il n'exigeoit de lui aucune rançon; mais qu'il accompagneroit même cette restitution d'une grosse somme d'argent. Scipion (*a*) répondit, qu'il étoit très-reconnoissant

_____
(*a*) Cette même circonstance est énoncée dans T. Live L. 37. & 36.

envers le Roi de l'offre qu'il lui faisoit de rendre son fils, & que d'ailleurs il n'avoit aucun besoin d'argent. Mais qu'en reconnoissance de sa générosité, il lui conseilloit de ne point se brouiller avec les Romains, après l'épreuve qu'il avoit faite de leur puissance. Le Roi jugeant cette réponse trop fiere dans les circonstances présentes des choses, ne profita par de cet avis.

VIII.

Les Ambassadeurs d'Ætolie étant venus à Rome avant la défaite d'Antiochus, ne présentoient au Sénat aucune excuse de leurs infidélités récentes, & ils faisoient valoir au contraire les services qu'ils avoient rendus à la Republique. Là-dessus un des Sénateurs se leva, & leur demanda si leur nation se mettoit sous la protection des Romains, & se fioit à leur parole. Ils ne répondirent rien, aussi-tôt l'assemblée jugea qu'ils tournoient leurs espérances du côté d'Antiochus, & les renvoya dans la Grece, san rien conclurre avec eux.

FRAGMENT IX.

Antiochus las de la guerre envoya des Ambassadeurs au Consul, pour le prier de lui pardonner toutes les fautes qu'il avoit faites, & de lui accorder la paix à quelque prix que ce fut. Le Consul voulant conserver d'un côté toute la dignité de la République, & gagné de l'autre par les sollicitations de son frere Publius, accorda la paix au Roi aux conditions suivantes : que le Roi céderoit absolument l'Europe aux Romains, & tous les environs du mont Taurus, villes & nations ; qu'il leur remettroit outre cela tous ses éléphans, & tous ses vaisseaux de guerre : qu'il payeroit encore tous les frais de la guerre évalués à quinze mille talens d'Eubée. Qu'il répondroit du Carthaginois Annibal, de l'Ætolien Thoas (*a*) & de quelques autres, & qu'il donneroit enfin vingt ôtages que les Romains feroient inscrire. Antiochus se soumit à toutes ces conditions par le désir extrême qu'il avoit de la paix, qu'il obtint en effet à ce prix.

318.

(*a*) Général de sa nation. V. T. Live L. 35. c. 12. 32.

X.

Après la défaite d'Antiochus, toutes les villes & toutes les puissances de l'Asie envoyerent des Ambassadeurs à Rome pour traiter de leur liberté. Quelques unes mêmes demandoient des marques de reconnoissance pour les services qu'elles avoient rendus à Rome, en combattant elles-mêmes contre Antiochus. Le Sénat leur donna à toutes des espérances favorables, & leur dit qu'on enverroit incessamment en Asie dix députés qui regleroient toutes choses avec les Généraux mêmes. Ces Ambassadeurs étant retournés dans leur pays, & les dix députés Romains s'assemblant sur les lieux avec Scipion & Æmilius, déciderent & firent publier que tout le pays des environs du mont Taurus demeureroit à Eumenés (*a*), aussi-bien que les élephans. On donna pour limites aux Rhodiens la Carie & la Lycie. On décida que toutes les villes qui payoient ci-devant tribut à Eumenés seroient

───────────

(*a*) Fils d'Attalus, Roi d'Asie & proprement de Pergame. Eumenés avoit pour frere un autre Attalus; & il y eut un dernier Roi de ce nom qui fit le peuple Romain son héritier. Justin L. 36. c. 4.

réunies à ses états, & que celles qui le payoient à Antiochus en seroient désormais exemptes.

XI.

Le Proconsul Cneius Manlius ayant reçû des Ambassadeurs de la Galatie (*a*), qui cherchoient à terminer la guerre, leur répondit qu'il accepteroit des propositions d'accommodement, quand leurs Rois viendroient eux-mêmes au-devant de lui.

XII.

Le même passant dans la Lycaonie, se fit fournir par Antiochus tous les vivres dont il avoit besoin, & de plus exigea de lui les mille talens de contribution annuelle que ce Roi étoit convenu de payer.

XIII.

Le Conseil général des Achæens ayant été convoqué dans le Peloponnese, les Ambassadeurs Romains y furent invités. Là ils dirent que le Sénat avoit été mécontent de ce que l'Assemblée des Grecs avoit fait ab-

(*a*) Province de l'Asie mineure, selon l'interprétation la plus ordinaire. *Gallogræcia.*

battre les murs de Lacedemone, lorsqu'ils s'étoient rendus maîtres de cette ville, & de ce qu'ils avoient soumis les Lacedemoniens à leur police & à leurs loix. On fit entrer ensuite les Ambassadeurs d'Eumenés (*a*), qui apportoient à l'assemblée un présent de vingt talens, que le Roi prétendoit qu'on employât à regaler l'Assemblée des Achæens. Mais ceux-ci ne jugerent pas à propos d'accepter cet offre. Il vint encore là des Ambassadeurs de Séleucus fils d'Antiochus, pour confirmer l'alliance que l'on avoit faite avec son pere : l'Assemblée la renouvella en effet, & accepta les présens qu'on lui envoyoit à cette occasion.

XIV.

Les Ambassadeurs de l'Asie arrivant à Rome, on traita avec une grande distinction ceux qui venoient de la part d'Attalus. On envoya fort loin au-devant d'eux des hommes chargés de présens, & qui leur donnerent de la part de la Republique de grandes marques de bienveillance & de con-

---

(*a*) Fils d'Attalus & Roi de plusieurs provinces en Europe & en Asie, | favorisé des Romains. v. T. Live L. 38. c. 38.

sidération. En effet les Rois de l'Asie avoient eu de leur côté de grands égards pour les Romains, & ils s'étoient conformés en tout aux intentions du Sénat. Ils avoient reçû chez eux avec de grands témoignages de distinction & de préférence tous les députés de Rome. C'est pourquoi aussi à la premiere nouvelle que reçut le Sénat de l'approche des Ambassadeurs d'Eumenés, on se prépara à leur donner toute sorte de satisfaction : On leur fit en effet dans le Sénat même une réponse très-favorable, & on se disposa à envoyer des Ambassadeurs pour prévenir la guerre qu'on avoit d'abord résolu de déclarer à Pharnace (*a*).

XV.

Les Ætoliens ayant voulu introduire chez eux la même abolition de dettes entre les particuliers qu'on avoit fait recevoir en Thessalie, & leur capitale étant tombée par là dans le désordre & dans le tumulte, le Sénat romain jugea que Persée (*b*) étoit

___

(*a*) Un des Rois de l'Asie dont il est parlé dans les extraits des Ambassades de Polybe.

art. 50. p. 880. du Polybe de Casaubon.

(*b*) Fils de Philippe Roi de Macedoine.

l'auteur de ce trouble ; mis il permit aux Ambassadeurs de ce Prince de le justifier sur d'autres chefs. A l'égard d'Abropolis (*a*) Roi de Thrace que Persée avoit chassé de son thrône, le Sénat obligea le même Persée de l'y rétablir.

XVI.

Harpalus Ambassadeur de Persée se taisant à tous ces reproches, le Sénat gratifia Eumenés d'un char d'yvoire, & de plusieurs autres marques de distinction ; après quoi on le renvoya en Asie.

XVII.

Le Sénat dans un même jour déclara la guerre à Persée, & reçut (*b*) les Ambassadeurs de ce Prince, mais sans leur donner aucune réponse. Il ordonna même aux Consuls de le déclarer ennemi dans toutes les assemblées publiques. Mais de plus il fit pu-

---

(*a*) Tous ces faits sont exposés au long dans des harangues au Sénat Romain, rapportées par T. Live L. 42. c. 11. & 4.

(*b*) Il a déja été fait mention de la guerre contre Persée, & des malheurs de ce Prince après sa défaite, dans les fragmens, tirés de Photius. L. 31. frag. 2.

blier une ordonnance, par laquelle il étoit enjoint à tous les Macedoniens de sortir de Rome dès le jour même, & d'être hors de l'Italie entiere, le trentiéme jour suivant.

XVIII.

321.   Ptolemée (a) Roi d'Egypte sachant que ses ancêtrés avoient possedé la Cœlesyrie, faisoit de grands préparatifs dans la vûe de reconquerir cette province, & il espéroit que la justice de sa cause rendroit son entreprise aussi heureuse, que l'avoit été la guerre injuste qui lui avoit enlevé cette portion considérable de son partage. Antiochus informé de ce projet envoya des Ambassadeurs à Rome pour avertir le Sénat de l'entreprise de Ptolemée, qu'il traitoit d'injuste. Ptolemée fit voir par les siens que ses Ancêtres ayant possédé la province dont il s'agissoit, elle ne se trouvoit entre les mains d'Antiochus que par une véritable usurpation. A cette occasion même il renouvella son alliance avec les Romains, & fit toucher quelques mots pour la délivrance de Persée.

(a) Ptolemée 4. ou Philopator. v. le Polybe de Casaubon. p. 158.

XIX.

Il arriva alors à Rome de la part des Rhodiens, des Ambassadeurs chargés de les justifier des accusations portées contre eux. Car on leur imputoit dans la guerre qu'on venoit de faire à Persée, d'avoir marqué de l'inclination pour ce Prince, aux dépens de la fidélité qu'ils avoient voüée aux Romains. Ainsi ces Ambassadeurs s'appercevant bientôt de cette alienation des esprits à leur égard, tomberent dans un grand découragement. Là-dessus un des généraux ayant fait assembler le peuple, lui proposa de déclarer la guerre aux Rhodiens (*a*). Les Ambassadeurs furent si consternés de cette convocation & de cette proposition faite en leur présence qu'ils en prirent un habit de dueil : & s'adressant à tous ceux qu'ils croyoient encore avoir pour amis, ce n'étoient plus des sollicitations ou des prieres qu'ils leur faisoient ; mais fondant en larmes, ils les conjuroient de ne point

---

(*a*) Ce même fait est rapporté plus au long dans les *excerpta Legationes*, de Polybe, frag. 93. p. 920. du Polybe de Casaubon, & dans T. Live L. 45. c. 21.

contribuer de leur suffrage à quelque décision funeste pour eux. Ensuite un des Tribuns du peuple vint les prendre pour les conduire au Sénat, conjointement avec le Général qui proposoit de leur faire la guerre, & qu'ils arracherent en quelque sorte de la Tribune : ce Tribun même dit quelques paroles en leur faveur ; mais pour eux ils n'eurent recours qu'à des supplications. On leur fit une réponse qui les délivra de toute crainte : Mais on accompagna cette indulgence d'un grand nombre de reproches qui leur firent beaucoup de honte.

X X.

Environ ce même-tems il arriva à Rome de toutes parts un grand nombre d'Ambassadeurs, qui venoient feliciter la Republique des succès que la fortune accordoit par-tout à ses armes. Le Sénat reçut agréablement ces députations, & après avoir fait à tous ces Ambassadeurs des réponses très-favorables, il renvoya chacun d'eux dans leur Patrie.

X X I.

Les Ambassadeurs de plusieurs nations se trouvant alors à Rome, Attalus qui étoit celui d'Eumenés son frere, obtint la premiere audience : car les Romains avoient conçu quelque défiance de ce Prince dont on avoit surpris des lettres, par lesquelles il se liguoit avec Persée contre la Republique. Cette accusation étoit confirmée par beaucoup d'Ambassadeurs de l'Asie, & particulierement de la Galatie & du Roi Prusias. Ceux d'Attalus s'étant très-bien défendus sur tous les chefs d'accusation qu'on leur imputoit, non-seulement dissiperent les soupçons qu'on avoit formés contre eux, mais reporterent dans leurs pays de grands témoignages de la considération du Sénat. Eumenés ne se purgea pas de même de tous les soupçons formés contre lui, & le Sénat envoya Caius (*a*) pour veiller sur sa conduite.

XXII.

Le Roi Prusias homme d'un caractere tout à fait indigne du thrône, après avoir mené assez long-tems une vie pleine de bassesses, & pendant la-

___
(*a*) Polybe dans le même fragment 93. déja cité, nommé P. Licinius au lieu de Caius.

quelle il avoit flatté tous les Princes qu'il croyoit supérieurs à lui, & par conséquent les Romains & leurs Ambassadeurs plus que tous les autres, se résolut enfin à quitter les marques extérieures de la royauté, telles que le diadême & la pourpre : après quoi portant en public toutes les marques extérieures des affranchis chez les Romains ; il paroissoit en robe blanche, la tête rasée & couverte d'un chapeau (*a*) blanc. Enfin saluant humblement les Ambassadeurs, il s'appelloit lui-même l'affranchi des Romains : ce qui étoit la plus basse de toutes les dénominations. Après plusieurs autres démarches de cette espéce ; il se trouva un jour à l'entrée du Sénat même, & étendant ses deux mains, il baisa le seuil de la porte, après quoi adressant la parole aux Sénateurs assemblés, il leur dit, je vous salue, ô Dieux sauveurs : portant ainsi la flatterie jusqu'à un excès indigne d'un homme & des femmes mêmes. Il fit ensuite au Sénat un discours si rampant que j'aurois

___

(*a*) Le texte de Fulvius qui n'est que Grec, & dont je ne connois point de version latine, ajoute ici, και καυτίλον', dont je n'ai point trouvé la signification.

honte moi-même de le raporter & de l'écrire. Le Sénat lui fit une réponse telle que la méritoient ses bassesses : comme il savoit vaincre l'orgueil de ceux qui lui parloient avec trop de hauteur.

XXIII.

Il vint aussi à Rome des Ambassadeurs de la part du jeune Ptolemée (*a*), & d'autres de la part de son aîné. L'audience ayant été accordée aux uns & aux autres, on répondit à ceux de l'aîné qu'ils eussent à être hors de toute l'Italie dans l'intervale de cinq jours, & qu'on rompoit avec eux toute alliance ; & à ceux du second qu'on lui enverroit d'autres Ambassadeurs pour lui exposer les intentions du Sénat, & la réponse qu'on avoit faite à son frere.

324.

XXIV.

En la cent cinquante-cinquiéme Olympiade, il vint à Rome des Ambassadeurs de la part d'Ariarathés

(*a*) Surnommé Philopator par Antiphrase, parce qu'il tua son pere, sa mere & son aîné. Justin. L. 30. c. 1.

(*a*). Ils apportoient pour présent une couronne du prix de dix mille pieces d'or, ils rendirent compte au Sénat du dévoument du Roi à son égard, & ils ajouterent qu'en leur considération le Roi ne se marioit point, & renonçoit à son alliance avec Démétrius. Les députés de Gracchus confirmerent le fait par leur témoignage. Là-dessus le Sénat fit de grands éloges d'Ariarathés, accepta la couronne d'or, & lui envoya en revanche les présens (*b*) qui marquoient de leur part la plus grande distinction.

XXV.

Ce fut dans ce même tems qu'arriverent à Rome (*c*) de la part de Dé-

(*a*) Roi de Cappadoce, cet article est tiré de Polybe, fragment 121. Fulvius. Du reste l'Olympiade 155. ici indiquée, en la supposant à la premiere année, prouve que nous sommes ici à 141. ans révolus depuis la fin du liv. 20. à l'an 584. de la fondation de Rome, & a 167. ans avant l'Ere Chrétienne. Les Olympiades ont encore duré jusqu'à l'an 393. de l'Ere Chrétienne où elles finissent sous Théodose. Plusieurs Chronologistes les portent même 47. ans plus bas encore, & jusques sous Théodose le jeune, en 440.

(*b*) Polybe en son fragment 121. un bâton & un siege d'yvoire.

(*c*) Cet article xxv. est un abrégé trop concis du fragment 122. de Polybe en sa p. 954.

métrius Roi de Syrie, des Ambaſſadeurs qui apportoient auſſi une couronne de dix mille pieces d'or, & qui l'ailleurs amenoient chargés de fers, ceux qui avoient trempé dans la mort de Cnæus Octavius (*a*). Le Sénat héſita long-tems ſur la maniere dont il devoit prendre cette affaire, il accepta pourtant la couronne d'or; mais il ne voulut recevoir ni Socrate, ni Leptine, qu'on lui amenoit priſonniers.

XXVI.

Les Celtiberiens (*b*) portant leurs réflexions ſur l'avenir, uſerent ſagement de la victoire qu'ils venoient de remporter, & ils envoyerent des Ambaſſadeurs au Conſul pour traiter de la paix ou d'une treve; mais le Conſul jugeant à propos de conſerver à leur égard la hauteur ou la dignité de ſa patrie, leur répondit qu'ils devoient s'en rapporter en tout à la déciſion du Sénat, ou ſe préparer ſérieuſement à la guerre.

(*a*) Ambaſſadeur Romain tué en Syrie, où il étoit l'Agent de la République. V. Polybe pages 937. 942.

(*b*) Cet article eſt emprunté du Fragment 141. de Polybe. Fulvius.

FRAGMENT XXVII.

325.

Les Romains ayant armé contre les Carthaginois, & ceux-ci qui n'étoient point prêts encore, apprenant que la flotte Romaine faisoit voile vers Lilybée, envoyerent aussi-tôt des Ambassadeurs à Rome. Ces derniers s'acquiterent de la commission qu'ils avoient reçue de confier aux Romains tous les intérêts de leur patrie. Les Romains accepterent l'offre qui leur étoit faite, & répondirent que puisque les Carthaginois s'étoient livrés à eux de bonne grace, le Sénat leur rendoit leurs loix, leur païs, leurs temples, leurs tombeaux, leur liberté, & leurs revenus (car il ne s'agissoit plus de Carthage); si on lui livroit pour gages trois cents enfans de leurs Sénateurs, & s'ils se soumettoient absolument à tous les ordres des Consuls Romains : & encore faisoit-on cette offre avec un air de bonté & de faveur. Les Carthaginois espérant que la guerre finiroit à ces conditions, céderent en versant beaucoup de larmes, les ôtages qu'on leur demandoit, & se retirerent ensuite à Utique. De-là ils envoyerent encore des députés pour s'informer si les Romains n'exigeoient plus rien de leur part. Les Consuls ayant répondu qu'il falloit encore qu'ils livrassent leurs armes & leurs machines de guerre, sans en excepter aucune: Les Carthaginois furent d'abord très-affligés de cette demande, à cause de la défense qu'ils vouloient faire encore sous Asdrubal (*a*). Il ne laisserent pas de rassembler encore vingt mille paires d'armes de toute espece & deux mille machines. Les Romains leur ordonnerent ensuite de leur envoyer quelques-uns de leurs Sénateurs les plus considérables, ausquels ils déclareroient leurs dernieres résolutions. Les Carthaginois leur en envoyerent trente. Manilius le plus ancien des deux Consuls, ajouta que le Sénat Romain leur enjoignoit d'abandonner la ville qu'ils avoient habitée jusqu'alors, & d'en bâtir une autre qui fut éloignée de la mer de quatre-vingts stades au moins (*b*). A cet ordre les Sénateurs Carthaginois se laisserent aller aux plus grandes lamentations, & se proster-

---

(*a*) Dernier Capitaine des Carthaginois. V. Florus liv. 2. c. 15.

(*b*) Trois lieues & un tiers.

326. nant tous contre terre, la salle de leur Sénat devint un théâtre de désolation & de cris. Ils n'étoient pas revenus encore de leur consternation, lorsqu'un d'entr'eux, nommé Blannon, prenant un ton de voix conforme à la situation présente des choses, parla d'une maniere forte & courageuse, qui ne laissa pas d'exciter encore beaucoup de larmes dans l'assemblée.

XXVIII.

Les Romains se rendant inexorables sur l'article de la destruction de Carthage, se presserent de renvoyer dans cette ville les Ambassadeurs Carthaginois pour y faire exécuter leurs ordres par les citoyens. Quelques-uns de ces Ambassadeurs ne pouvant se résoudre à exposer la commission dont ils étoient chargés, ne voulurent plus retourner à Carthage, & s'enfuirent chacun de son côté & où ils purent ; mais les autres prirent enfin le parti d'aller annoncer cette nouvelle à leurs compatriotes. Le peuple venant audevant d'eux en foule, ils gardoient un profond silence ; se couvrant la tête, ils étendoient les bras comme implorant le secours des Dieux ; & étant arrivés en cette posture jusques dans la place publique, ils monterent de-là dans le Sénat, auquel ils rapporterent fidellement l'ordre dont ils étoient chargés.

XXIX.

Les habitans de l'Isle Aradus (*a*) crurent que le moment favorable pour détruire les habitans de Marathus étoit arrivé. Ainsi ils envoyerent des députés secrets à Ammonius, Viceroy de cette ville, pour lui proposer de la leur livrer au prix de trois cents talens. Celui-ci leur envoya Isidore sous d'autres prétextes ; mais en effet pour leur dire qu'il étoit disposé à accepter leur proposition. Les citoyens de Marathus ignorant donc le sort tragique qu'on leur préparoit, & voyant que les Aradiens étoient en faveur à la Cour, ne voulurent pas recevoir la garnison que le Roi d'Egypte leur offroit pour leur défense, & ils aime-

(*a*) Dans la mer de Phœnicie, & Marathus étoit une ville de la Phœnicie même.
(*b*) On trouve ici dans le texte de Fulvius p.

326. Παραθηνων. faute d'impression, puisqu'on lit ensuite Μαραθηναιοι. V. sur-tout cet article le Polybe de Casaubon. l. 5. p. 411.

rent mieux se rendre suppliants des Aradiens. Ils formerent donc une députation des dix personnages les plus considérables de leur ville, qu'ils firent accompagner des Statues de leurs principales Divinités, dans l'espérance de calmer par un témoignage si public de leur soumission, & comme par l'interceſſion de leurs Dieux mêmes, la colere des Aradiens : ainsi sortant de leurs vaisseaux, ils commençoient à s'acquiter des supplications & des prosternemens qu'on les avoit chargés de faire. Mais les Aradiens enflés d'orgueil, méprisérent ces actes publics & solemnels qu'on respectoit par-tout, & ne firent aucun cas ni des soumissions de leurs alliés, ni de la présence de leurs Dieux ou de leurs Statues : ils en vinrent à l'excès de fureur de les prophaner & de les fouler aux piés, & ensuite de chasser à coups de pierres les Prêtres qui les avoient apportées. Cependant quelques vieillards essayerent d'appaiser cette fougue populaire, & persuaderent à leurs concitoyens qu'il seroit plus décent pour eux de conduire en priſon ces députés, que de les aſſommer ainsi dans le tumulte.

XXX.

Les citoyens de Numance (a) & de Termise ayant envoyé aux Romains des députés pour traiter de la paix avec eux, les Romains la leur promirent aux conditions suivantes: sçavoir, que chacune de ces deux villes donneroit aux Romains trois cents ôtages, neuf mille cuirasses, trois mille boucliers, huit mille chevaux dressés aux combats, & toutes leurs armes. A ce prix on les regarderoit comme amis & alliés. On fixa le jour où cette convention réciproque devoit être signée & exécutée, & où elle le fut en effet. Mais quand on en vint à la cession des armes qui étoit le dernier article, il s'éleva un cri général qui marquoit encore de la constance dans la multitude, & un grand zele pour la liberté. On se reprochoit les uns aux autres la lâcheté qu'il y auroit à se laisser désarmer ainsi comme des femmes; ensuite retractant leur convention, ils désavouoient l'article honteux auquel ils s'étoient relâchés. Les peres en faisoient honte aux fils, les enfans aux hommes faits & les fem-

328.

(a) Deux villes d'Espagne.

mes mêmes à leurs maris : ainsi revenant à leur premiere défense, & gardant oipiniâtrement leurs armes, ils renouvellerent la déclaration de guerre qu'ils avoient déja faite aux Romains.

XXXI.

Tryphon (*a*) devenu Roi de Syrie, d'homme privé qu'il étoit, s'empressa d'assurer son nouveau titre par un décret du Sénat, c'est pourquoi faisant fondre une statue d'or du poids de dix mille marcs, qui représentoit la victoire, il envoya des Ambassadeurs à Rome pour la présenter au peuple. Il se flattoit que les Romains, soit à cause du prix d'un tel présent, soit par l'heureux augure de la Divinité représentée, se feroient un plaisir de le reconnoître sous son nouveau titre. Mais le Sénat se montra plus intelligent que lui, & sçachant confondre par sa sagesse ceux qui prétendoient le surprendre par la fraude : car il accepta le don somptueux & l'heureux augure qu'il sembloit porter avec

_____

(*a*) Il avoit tué Antiochus beau-fils de Démétrius, duquel Antiochus il étoit Tuteur. | v. Justin l. 3. c. 1. & 1. Live. sommaire du l. 55.

lui ; mais tournant cette acceptation contre l'usurpateur même, il fit graver dans l'inscription de la statue le nom du Prince légitime que le tyran avoit égorgé. Par cette conduite le Sénat fit voir qu'il haïssoit les malfaicteurs, & qu'il n'acceptoit point de présens de la main des traîtres & des assassins.

XXXII.

Il vint à Alexandrie de la part de Scipion l'Africain, des Ambassadeurs chargés d'examiner l'état où étoit alors ce Royaume. Ptolémée (*a*) les reçut avec beaucoup de magnificence, leur donna de très-grands repas, les conduisit lui-même dans la visite qu'ils vouloient faire, & leur montra surtout le thrésor Royal. Les Ambassadeurs, hommes d'une vertu distinguée, & qui ayant sur-tout en recommandation la sobriété comme une vertu qui conservoit également la santé du corps & celle de l'ame, regardoient toutes ces magnificences comme ne pouvant servir qu'à corrompre l'un & l'autre ; ainsi ne faisant aucun

329.

___
(*a*) Surnommé Evergetès. T. Live sommaire du liv. 59. Fulvius.

état de ces objets dont le Roi paroissoit enchanté, ils portoient leur attention sur des choses qui leur en paroissoient beaucoup plus dignes; telles, par exemple, que la situation d'Alexandrie, aussi bien que la position & la force de la citadelle qu'on nommoit le Phare. Passant delà à Memphis ils examinerent la nature du païs, la saison & l'étendue des inondations du Nil, le grand nombre des villes de l'Egypte, & la multitude inombrable de leurs habitans; la défense & la sureté qu'elle tiroit de sa situation, la fertilité inépuisable de son terroir, & sa position avantageuse en tout sens pour en faire le centre d'un Empire aussi vaste qu'inébranlable, s'il tomboit entre les mains d'hommes capables de le conserver & de l'étendre. Ces mêmes Ambassadeurs, après avoir bien examiné l'Egypte, visiterent avec la même attention l'Isle de Chypre, toute l'étendue de la Syrie, & une grande partie du continent de l'Asie; en laissant par-tout une très-grande réputation d'intelligence & de sagesse: car s'ils arrivoient en quelques endroits où ils trouvassent de la division ou des querelles entre les habitans du lieu où de la Province, ils les raccommodoient ensemble, ils engageoient ceux qui avoient tort, à rendre justice d'eux-mêmes à leurs compatriotes; ou ils les y forçoient par l'autorité Romaine qu'ils portoient avec eux, ou enfin ils envoyoient pour eux au Sénat les causes difficiles & embarrassantes. Fréquentant également les Rois & les Républiques, ils renouvelloient avec ceux-là ou avec celles-ci leurs alliances réciproques avec le peuple Romain: de sorte que ces différens États également contens & charmés de ces Ambassadeurs, en envoyerent d'autres de leur part au Sénat & à Scipion en particulier, pour remercier le corps entier & ce grand homme d'avoir fait passer dans leur païs des députés si bienfaisans.

XXXIII.

Bocchus, Roi de Libye, ayant fait de grands reproches à ceux qui lui avoient conseillé d'entrer en guerre contre les Romains, envoya à Marius des Ambassadeurs par l'entremise desquels, il lui faisoit des excuses de toutes les fautes qu'il avoit commises à son égard, & le prioit de lui accorder son amitié, sur l'assurance qu'il lui donnoit de servir les Romains en toute sorte d'occasions. Sur cette promesse Marius l'engagea à envoyer des Ambassadeurs au Sénat: ce que le Roi ne manqua pas d'exécuter aussi-tôt. Le Sénat lui répondit qu'il trouveroit auprès de leur corps toute sorte de faveur, s'il venoit à bout de gagner Marius. Marius s'occupoit alors de prendre vif le Roi Jugurtha. Bocchus instruit de ce dessein, attira auprès de lui ce Roi, sous le prétexte de conferer ensemble sur quelques articles qui concernoient leurs intérêts communs: il se saisit aussi-tôt de sa personne, & le livra pieds & poings liés à L. Sylla, envoyé-là pour recueillir cette proye. C'est par cette trahison que Bocchus acheta son salut & sa sureté de la part des Romains.

331.

XXXIV.

Il vint alors à Rome de la part du Roi Mithridate (*a*), des Ambassadeurs qui aportoient avec eux une grande

(*a*) Fulvius avertit ici que ce fait est indiqué dans le sommaire du liv. 66. de T. Live. | compris dans la suite des 95. derniers livres perdus.

quantité de richesses pour en faire présent au Sénat. Mais Saturninus qu'on crut en avoir eu la commission de la part du corps, en fit des reproches vifs & fâcheux à toute l'Ambassade. Plusieurs autres Sénateurs s'aigrissant aussi, & menaçant de se venger d'un tel affront; les Ambassadeurs outragés eux-mêmes, s'adressèrent à Saturninus, & le prirent à partie de l'injure qui leur étoit faite. Cependant il se forma sur ce sujet une grande division entre le Sénat & le peuple. Le peuple représentoit vivement les droits sacrés des Ambassadeurs, & la protection que la République avoit toujours donnée à ceux qui se présentoient à elle sous ce titre respectable. Là-dessus Saturninus menacé d'être condamné à mort par les Sénateurs mêmes, seuls Juges en ces sortes de causes, tomba dans de grandes craintes, & par la grandeur du péril auquel il se vit exposé, il eut recours à la derniere ressource des malheureux. Se dépouillant de la robe magnifique dont il étoit ordinairement couvert, il mit sur son corps une robe traînée dans la cendre, & laissant croître sa barbe, il s'adressoit à tous ceux qu'il voyoit assemblés dans les rues ou dans les places publiques : se jettant à leurs genoux, & leur serrant les mains, il les supplioit les larmes aux yeux d'avoir compassion de son infortune. Il se plaignoit d'être persécuté contre toute forme de justice par le Sénat même, & il se vantoit sur-tout de

332. s'être attiré la haine de ce corps par l'affection qu'il avoit toujours portée au peuple ; de sorte qu'il voyoit aujourd'hui dans les mêmes hommes ses ennemis, ses accusateurs & ses Juges. Des milliers de citoyens aigris par ces plaintes coururent au Sénat, où l'accusé fut absous beaucoup plus promptement qu'on n'auroit cru. Et par la faveur de cette même multitude, Saturninus fut élu encore une fois Tribun du peuple.

XXXV.

Marc-Antoine ayant fait accorder la paix aux Crétois, ces insulaires en observerent d'abord tous les articles : voulant ensuite pourvoir encore plus avantageusement à leurs intérêts, les plus âgés & les plus sages d'entr'eux opinerent à envoyer une Ambassade à Rome, par laquelle ils se justifieroient des torts qu'on leur imputoit, & tâcheroient d'appaiser le Sénat par des réprésentations & par des prieres. Se conformant tous à cet avis, ils firent partir pour Rome trente députés des plus considérables d'entr'eux. Ceux-ci se présentant régulierement aux portes de tous les Sénateurs, & prenant avec eux le ton le plus humble, tâchoient de se rendre favorable le corps entier. Introduits enfin dans le Sénat même, ils se justifierent au long de toutes les prévarications qu'on leur imputoit, & rappellant les services qu'ils avoient tâché de rendre à la République, aussi-bien que les alliances où ils étoient entrés avec elle, ils supplierent tout le corps de leur rendre sa confiance, & d'employer comme auparavant leurs armes mêmes à son service. Le Sénat reçut favorablement leur justification & leurs offres, & publia un décret en forme, par lequel anéantissant toutes les accusations portées contre les Crétois, on les déclaroit amis & alliés de la République. Lentulus, surnommé Spinther, dressa cet acte & le fit publier, ce qui mit les Crétois en repos. Mais le bruit s'é-

333. tant répandu & confirmé que les Crétois s'entendoient avec les Pirates & partageoient avec eux le profit de leur brigandage; le même Sénat fit un décret par lequel il étoit enjoint aux mêmes Crétois d'envoyer à Rome toutes leurs galeres à quatre rangs de rames & au-dessus, accompagnées de trois cents ôtages, pris entre les citoyens les plus considérables de la ville, & de plus les deux nommés Lasthenés & Panarés : on décida enfin que tout l'Isle payeroit en commun quatre mille talents d'argent. Les Crétois apprenant ce décret & ces demandes des Romains, s'assemblerent pour conférer ensemble sur ce sujet. Les plus sages opinoient à se soumettre à tous les ordres de la République. Mais les partisans de Lasthenés, gens qui se sentoient coupables en bien des chefs, craignant d'être punis à Rome, exciterent un grand murmure dans le peuple, & crioient de tous côtés qu'il falloit conserver éternellement la liberté dont ils avoient joui de tout tems.

F I N.

CONTINUATION DES EXTRAITS DE DIODORE,

Faits par l'Empereur Conſtantin Porphyrogenete, donnés au Public, & traduits en latin par Mr. Henry de Valois. in 4°. Paris 1634. le grec d'un côté & le latin de l'autre.

Ceci eſt la ſuite de ce qui en a été donné traduit en François, à la fin du ſecond Volume de cette traduction depuis la page 362. juſques au bas de la page 396. l'article qui ſuit commence au bas de la page 254. de Mr. Henry de Valois.

LIVRE XXI.

Antigonus, de particulier qu'il étoit né, devenu Roi, & même le plus puiſſant Prince de ſon ſiécle, n'étoit pas content encore de ſa for-

Chiffres des pages de Mr. de Valois.

256.

(a) V. les premiers Fragmens du L. XXI. | donnés ci-deſſus. p. 862. de Rhod.

tune, mais voulant envahir le partage des autres capitaines succeſſeurs d'Alexandre, il perdit le ſien avec la vie.

Le Livre de Mr. de Valois contient une page grecque, & une page latine, dont celle-ci eſt la traduction de l'autre: voilà pourquoi je ne chiffre que l'une des deux.

Agathocle apprenant que les ſoldats de la Ligurie (*a*) & de la Toſcane, avoient demandé ſéditieuſement en ſon abſence à ſon fils Agatarchus (*b*) la paye qui leur étoit dûe, les fit égorger tous, au nombre de deux mille qu'ils ſe trouverent. Les Thraces qui dans un combat avoient fait priſonniers de guerre Agathocle fils du Roi Lyſimachus, le renvoyerent à ſon pere avec des préſens, pour ſe préparer une reſſource dans les revers imprévus de la fortune; & pour engager actuellement Lyſimachus à leur rendre gratuitement la partie de leur territoire qu'il leur avoit enlevée. Ils n'eſpéroient pas déſormais de remporter aucune victoire ſur lui, vû le nombre & la puiſſance des Princes qui ſe liguoient pour le ſoutenir.

Dromichætés Roi de Thrace, qui

(*a*) Pays de Gènes.
(*b*) Quelques-uns le nomment Arcagathus, comme Juſtin. Mr. de Valois préfére l'autre ortographe, comme approchant plus du nom d'Agathocle, & d'ailleurs conforme à celle de Polybe: excepta legationum. c. 1. Il a été déjà parlé d'Agatarchus, dans les premiers fragmens du L. 21 art. 12. p. 864. de Rhod.

avoit pris Lysimachus dans une bataille, le traita avec toute sorte d'égards & de déférence; il l'embrassa & l'appella son pere; après quoi il le conduisit lui & ses enfans dans la ville d'Helis. Cependant les Thraces s'assemblant en tumulte demandoient qu'on leur montrât le Roi prisonnier, pour le faire exécuter; puisqu'il étoit juste qu'un peuple qui avoit couru le risque d'un combat disposât du sort des vaincus (*a*). Mais Dromichætés s'adressant à cette soldatesque emue lui représenta que d'autres Rois prêts à s'emparer des possessions de Lysimachus, seroient peut-être plus à craindre que lui. Au lieu que celui-ci se voyant conservé par les Thraces, leur sauroit gré de sa vie, & les aideroit à recouvrer sans risque le territoire & les forts qui avoient autrefois appartenû à la Thrace. La multitude s'étant rendue à ces representations: Dromichæthés fit chercher parmi ses captifs, tous ceux qui avoient été amis ou officiers de Lysimachus pour les amener au Roi prisonnier lui-même: après cela au sortir d'un sacrifice, il

(*a*) Mr. de Valois avertit ici qu'il est parlé de ce Roi au septiéme livre de Strabon.

invita à un repas ce Roi & ſes amis, & leur donna pour compagnie les plus conſidérables d'entre les Thraces. Il avoit fait dreſſer deux rangs de lits. Le côté de Lyſimachus étoit couvert de tapis ſuperbes qu'il lui avoit enlevés à la ſuite de la bataille, & le lit de ſon côté, n'étoit garni pour lui & pour ſa ſuite, que de couſſins de paille. Les mets étoient auſſi fort différents pour les deux côtés. On préſenta aux captifs dans de la vaiſſelle d'argent toute ſorte de mets exquis ; pendant que les Thraces n'avoient devant eux que des légumes ou des viandes mal apprêtées & ſervies ſur de la vaiſſelle de bois. Enfin on verſoit aux premiers des vins recherchés dans des vaſes d'or & d'argent ; pendant qu'on apportoit à boire aux autres dans des coupes de bois ou de terre, ſuivant la coûtume ordinaire des Getes (*a*). Le repas étant déja avancé Dromichætés ayant rempli une grande coupe, & s'adreſſant à Lyſimachus qu'il appella ſon pere, lui demanda quelle table lui paroiſſoit plus digne d'un Roi, ou celle de Macedoine ou celle de Thrace, Lyſima-

(*a*) Getes, Sarmates, Thraces, indiquent à peu près les mêmes peuples.

chus lui répondit celle de Macedoine. Le reste se trouvera dans le recueil des sentences (a).

Le Roi Démetrius s'étant rendu maître de plusieurs autres peuples, en usa généreusement avec les Bœotiens: car à l'exception de quatorze hommes seuls, qui s'étoient rendus coupables de révolte, il renvoya tous les autres absous.

Agatharchus fils d'Agathocle avoit une grandeur d'ame, de courage & de constance qui passoit de beaucoup son âge : car il étoit extrêmement jeune.

Timæe qui a repris avec beaucoup d'aigreur les fautes des Historiens qui l'ont précédé, s'est extrêmement attaché à la vérité dans toutes les parties de son histoire, à l'exception du seul Agathocle ; au sujet duquel sa haine lui fait débiter plusieurs faussetés. Car ayant été chassé de l'Isle par ses ordres, il ne put pas s'en venger de son vivant ; mais après sa mort, il l'a accablé de toute sorte de reproches dans son histoire. Il a ajouté aux vices réels de ce souverain un grand

260.

(a). Ce renvoi est dans le texte même, & on ne sait plus à quoi il se rapporte.

nombre d'autres qu'il n'a tirés que de son imagination : il rabaisse autant qu'il peut tous ses succès, & lui impute les torts de sa fortune. Quoiqu'il soit constant par le témoignage de tous les Auteurs qu'Agathocle a excellé dans la science & dans la prudence militaire, & que dans les plus grands dangers il ait fait preuve d'une présence d'esprit & d'une hardiesse merveilleuse : Timæe ne cesse dans toute son histoire de l'appeller un homme lâche & sans ressource. Hé, qui ne sait pas qu'aucun tyran n'est parvenu de commencemens si foibles, & avec si peu de secours à une domination si absolue. La bassesse (*a*) de sa naissance & l'obscurité de ses premieres années l'ayant réduit à travailler dans une boutique, non seulement il parvint à la domination de toute la Sicile : mais il conquit par ses armes une grande partie de l'Italie & de l'Afrique : Et qui n'admireroit pas le peu d'attention de Timæe, qui relevant dans toutes ses pages la valeur des Syracusains, nomme le plus lâche de tous les hommes celui qui les a soumis. Par ces contradictions cet Auteur est convaincu

(*a*) V. les livres 19.1 & 20. de Diodore.

d'avoir

d'avoir sacrifié à son animosité & à sa vengeance personnelle & particuliere, l'amour de la verité qui doit être le premier objet d'un historien. C'est ce qui fait aussi qu'aucun Lecteur équitable n'approuvera jamais les cinq derniers livres de l'histoire de Timæe, où il raconte les actions d'Agathocle.

Mais Callias (*a*) de Syracuse n'est pas moins digne de blame, sur ce qu'ayant été enrichi par Agathocle, & lui ayant vendu pour ainsi-dire, la verité dont l'histoire est dépositaire, il ne cesse dans tout le cours de son ouvrage de louer son bienfaicteur. Car quoi qu'Agathocle ait violé en bien des rencontres les loix divines & humaines, cet Ecrivain le vante sans pudeur, d'avoir surpassé tous les autres hommes en pieté & en humanité. Enfin comme Agathocle donnoit sans aucun droit à Callias, les biens qu'il enlevoit par force à des Citoyens, ce lâche Historien l'en remercioit par les éloges continuels qu'il faisoit de lui dans son ouvrage, c'étoit une reconnoissance qui ne coutoit pas plus à

262.

(*a*) Diodore a parlé de Timæe au L. 13. de son histoire p. 311 de Rhod. V. son art. dans Vossius. p. 82. & celui de Callias. p. 68. du même.

l'Ecrivain, que les préfens coutoient à fon maître.

Les Soudoyés fortis de Syracufe fuivant les conventions faites avec eux, furent reçus comme amis & alliés chez les Meffeniens. Mais pour récompenfe d'une réception fi favorable, ils égorgerent leurs hôtes dans une nuit, après quoi époufant leurs femmes, ils fe mirent en poffeffion de cette ville.

Démetrius étant détenu prifonnier de guerre à Pella en Macedoine, Lyfimachus envoya des Députés à Séleucus pour l'inviter à ne point laiffer échapper de fes mains un homme devoré d'ambition, & qui ne s'occupoit qu'à tendre des piéges à tous les Rois : mais de plus il lui fit offre de deux mille talens, pour l'engager à le faire mourir : mais Séleucus à cette propofition fit de très-grands reproches à ces Ambaffadeurs, de ce qu'ils lui propofoient non-feulement de violer la foi publique ; mais encore de commettre ce crime contre un homme, avec lequel ils étoient liés par tant d'endroits. Auffi-tôt Séleucus écrivit à fon fils Antiochus qui étoit alors dans la Medie, pour le confulter fur ce qu'il devoit faire à l'égard de Démetrius. Car son dessein à lui-même étoit, non-seulement de lui rendre la liberté, mais de le rétablir dans son ancienne domination ; bienfait dont il vouloit que son propre fils partageat avec lui la gloire : d'autant plus qu'Antiochus avoit épousé Stratonice fille de Démetrius, dont il avoit même des enfans.

LIVRE XXII.

LEs Romains ayant envoyé une garnison de leur part dans la ville de Rheges, le Tribun Décius originaire de Campanie, homme d'une audace & d'une avidité extraordinaire, imita la perfidie des Mamertins. Car comme ceux-ci reçus sous le nom d'amis (*a*) par les Messeniens, s'étoient saisis de leur ville, en avoient égorgé tous les Citoyens dans leurs propres foyers, s'en étoient approprié tous les biens, & avoient ensuite épousé leurs femmes : ainsi les soldats

---

(*a*) C'est la trahison dont il est parlé dans les premiers fragmens. L. | 21. art. 3. p. 866. de Rhod.

Campaniens à qui les Romains avoient confié la garde de Rhege sous la conduite de Décius, en égorgerent tous les habitans, & partageant leurs biens entr'eux, ils s'y établirent comme dans une ville prise en guerre. Mais Décius Préfet de cette Milice, après avoir mis en vente les biens de ces malheureux, en fit à sa garnison un partage de mauvaise foy ; de sorte qu'elle le chassa elle-même de Rhege. Toutefois ils subirent tous avec le tems la peine de leur perfidie. Décius entr'autres, attaqué d'une grande douleur aux yeux, fit venir un Medecin qui avoit été célébre dans Rhege. Celui-ci pour venger sa Patrie, frotta les yeux du malade avec des cantharides, ce qui lui fit perdre la vûe ; après quoi le Medecin le sauva.

Phintias (*a*) ayant exercé une domination injuste sur ses Concitoyens, dont il avoit fait mourir un grand nombre des plus riches, se rendit par ses cruautés odieux à tous. Mais se voyant menacé par le mécontentement universel d'une chute prochai-

___

(*a*) Le Phintias d'A- | fragmens du L. 22. art. grigente dont il est par- | 2. lé dans les premiers

ne, il changea de conduite, & conserva sur ses Concitoyens l'autorité qu'il s'étoit acquise.

Ptolemée (*a*) Roi de Macedoine encore très-jeune, & sans expérience en fait de guerre, étant d'ailleurs d'un caractére extrêmement leger, ne prenoit aucune précaution con les dangers les plus prochains ; & il ne voulut point attendre les troupes auxiliaires que ses amis lui annonçoient, comme sur le point d'arriver.

Apollodore (*b*) qui vouloit se rendre souverain & tyran de la ville de Cassandrée, fit paroître comme par évocation un jeune homme de ses amis, & il l'immola aux Dieux : après quoi il donna ses entrailles à manger,

(*a*) C'est Ptolemée Ceraunus fils de Ptolemée fils de Lagus, qui ayant tué Séleucus, fut déclaré Roi de Macedoine à Lysimachie, & qui ayant regné deux ans avec beaucoup de cruauté, fut vaincu & tué par les Gaulois. Olymp. 124. an 4. selon Mr. de Valois. C'est-à-dire, 21. ans après l'année qui termine le vingtiéme Liv. de Diodore : lequel finit en l'Olymp. 119. an 3. l'an de Rome 451. de sorte que nous sommes ici à l'an de Rome 472. 279. ans avant l'Ere chrétienne.

(*b*) Mr. de Valois renvoye le Lecteur au L. 6. des Stratagemes de guerre de Polyænus, pour y apprendre comment Apollodore devint tyran de Cassandrée.

& son sang mêlé dans du vin à boire aux Conjurés.

Le même Apollodore ayant armé les Gaulois & les attachant à lui par de grands dons, s'en fit des Satellites sûrs, & les diposa à l'exécution de tous les crimes que sa propre méchanceté lui faisoit imaginer. Il amassa des thrésors immenses en faisant vendre à l'encan les biens des riches ; & faisant passer leur argent entre les mains de ses soldats, il forma une puissante armée. Il força par les supplices les hommes & les femmes de sa ville de lui apporter tout l'or & tout l'argent qu'ils avoient chez eux. Il eut pour maître & pour instituteur dans la tyrannie un nommé Calliphonte, qui avoit passé sa vie auprès des divers tyrans qu'on avoit vus en ces derniers tems dans la Sicile.

Pyrrhus Roi d'Epire ayant pillé la ville d'Ægée, siége des Rois de Macedoine, y laissa les Gaulois en garnison. Ceux-ci entendant dire à quelques-uns, que selon une coutume très-ancienne, on ensévelissoit de grandes richesses avec les corps des Rois dans leurs tombeaux, les fouillerent tous ; & après en avoir tiré les thrésors qu'ils y trouverent en effet, ils jetterent les offemens de ces Rois dans les champs, & leurs cendres au vent. Pyrrhus dont le nom fut déchiré à cette occafion, par fes foldats tout barbares qu'ils étoient, diffimula fon reffentiment par le befoin qu'il avoit d'eux.

LIVRE XXIII.

Nous croyons qu'il eft du devoir d'un Hiftorien de relever les actions de fes perfonnages, fingulieres en bien ou en mal. La condamnation des mauvaifes détourne fes lecteurs de les imiter, & les louanges qu'il donne aux bonnes, leur infpire l'amour de la vertu. Qui ne condamneroit pas par exemple l'imprudence & la témérité d'Attilius Regulus (*a*); pour qui un fuccès heureux étant un poids au-deffus de fes forces, le priva lui-même d'une grande gloire, & jetta fa Patrie en de très-grands maux. Car pouvant procurer une paix avantageufe aux Romains, honteufe pour les Carthaginois, & prête à lui don-

(*a*) Il eft parlé affez les premiers fragmens. au long de Regulus dans L. 23. art. 12.

268. ner à lui-même une réputation immortelle d'équité & d'humanité; il foula aux piés tous ces avantages: & insultant avec un orgueil insupportable, à la misere des affligés, il leur imposa des conditions si honteuses, qu'il excita l'indignation du ciel, & qu'il anima les vaincus à faire des efforts extraordinaires pour se relever. Aussi par la faute d'un seul homme les choses changerent-elles bientôt de face, & ces mêmes Carthaginois qui accablés de leur défaite récente, avoient renoncé pour eux-mêmes à toute espérance de salut, se ranimerent de telle sorte, qu'ils taillerent les Romains en piéces. Il arriva delà que ceux-ci tomberent à leur tour dans un tel désordre, que leur infanterie qui avoit passé jusque-là pour la plus forte qu'il y eut au monde; n'osa plus se présenter devant les Carthaginois. C'est pour cela aussi que cette guerre devint la plus longue de toutes celles dont l'histoire ait fait mention, & dégénera en guerre navale ou en combats de mer, dans lesquels furent perdus des vaisseaux sans nombre, tant des Romains que de leur Alliés: sans parler de plus de cent mil-

le hommes des uns ou des autres, qui à cette même occasion périrent sur terre. Les dépenses monterent au point qu'on peut présumer pour des flottes, ou pour des armées si nombreuses dans une guerre de quinze années consécutives. Mais pour dire le vrai, l'Auteur même de tant de maux en essuya dans sa personne une partie considérable ; car outre la perte de sa premiere réputation changée pour lui en opprobre & en infamie, son malheur devint pour tous les hommes une leçon vivante, de moderation & de modestie dans la prospérité : & ce qu'il y eut de plus terrible pour lui, il fut livré par la fortune aux mains de ceux mêmes qu'il avoit insultés dans leurs malheurs, & auprès desquels il s'étoit ôté toute espérance de commisération.

Mais Xantippe (*a*) par son courage, délivra les Carthaginois de leurs maux présens, & fit même absolument tourner la fortune en leur faveur : car non seulement il remporta une victoire complette sur les Romains ; mais tirant les Carthaginois de la consternation

___
(*a*) Xantippe de Sparte. V. les premiers fragmens. L. 23. art. 12.

I v

270. où ils étoient tombés depuis leur défaite, au sortir de laquelle ils se crurent absolument perdus, il les mit en état de mépriser leurs ennemis : aussi la réputation de sa vertu s'étendit-elle par toute la terre, & l'on admira comment il s'étoit pu faire qu'à l'arrivée d'un seul homme, les Carthaginois jusqu'alors enfermés & assiégés dans leur propre ville, en sortissent pour aller assieger eux-mêmes leurs ennemis ; & que ceux qui par leur courage & par leur vertu venoient de se rendre maîtres de la terre & des mers, enfermés alors dans une petite ville s'attendissent d'y être incessamment assiegés & pris eux-mêmes. Mais ce revers ne surprendra point ceux qui savent que l'intelligence & l'expérience d'un Général est capable de lui faire exécuter des choses mêmes qui paroissent impossibles.

Amilcar surnommé Barcas & son fils Annibal, passent pour avoir été les deux plus grands capitaines que les Carthaginois non-seulement eussent eu jusqu'à leur tems ; mais qu'ils ayent eu dans toute la durée de leur Empire : & par leurs actions ils ont porté leur Patrie à un très-haut point de gloire.

LIVRE XXIV.

P. Clodius arrivé (*a*) dans la Sicile, & ayant pris le commandement de l'armée Romaine qui assiegeoit Lilybée, fit en présence de tous les soldats assemblés une sévére réprimande aux Consuls qui lui avoient cedé leurs Légions. Il leur reprocha d'avoir conduit cette guerre avec une négligence extraordinaire, s'étant abandonnés au vin, au luxe & aux plaisirs ; de telle sorte qu'ils étoient actuellement plûtôt assiegés par les ennemis, qu'ils n'assiegeoient eux-mêmes la ville. Comme il étoit d'un caractere violent & emporté, & qu'il se possédoit peu dans la colére, il leur tint plusieurs autres discours pleins d'injures & d'outrages ; en quoi il eut d'autant plus de tort que les fautes où les autres sont tombés, doivent nous avertir nous mêmes de n'en pas faire de semblables ou de plus grandes. Comme ce Consul étoit d'un naturel extrêmement dur &

___

(*a*) Mr. de Valois renvoye ici aux premiers fragmens du L. 24. donnés ci-dessus. p. 880. de Rhod.

emporté, il punissoit les soldats Romains selon toute la sévérité des premiers tems, & sans pardonner à personne; & à l'égard des Alliés, il les faisoit battre de verges sans misericorde. D'un autre côté la grandeur de sa naissance, & les honneurs qui avoient illustré ses Ancêtres lui inspiroient une fierté & un orgueil qui lui faisoient mépriser tout le monde.

Amilcar avant que d'avoir été créé Préteur ou Commandant des armées Africaines, étoit déja connu pour un homme plein de grandeur d'ame : aussi ne parut-il point inférieur à sa nouvelle dignité, n'ayant pour objet que la gloire & ne craignant point le danger, il joignoit au courage une adresse merveilleuse & une prudence singuliere, de sorte que selon l'expression d'Homere, il étoit tout à la fois.

 Habile Commandant (*a*) & Guerrier redoutable.

Hannon porté de son naturel aux grandes choses, & jaloux de réputation & de gloire, se voyant une grande armée qui n'étoit occupée à rien, entreprit une expédition,

―――――――――
(*a*) Cela est dit d'Agamemnon, Iliade 3. v. 179.

dans laquelle il trouvoit moyen &. d'exercer ses soldats, & de les nourrir aux dépens des ennemis. Ainsi soulageant sa Patrie de très-grands frais, il procura encore à la Republique de Carthage une grande gloire, & de grandes richesses. Le même Hannon ayant pris Hécatompyle (a), les Magistrats de cette ville vinrent à lui en grands habits, pour le supplier de traiter humainement ses sujets & ses captifs. Là-dessus, ce Général jaloux de la veritable gloire, & préférant la douceur à la sévérité, reçût trois mille Citoyens en ôtage, & épargna la ville entiere sans toucher aux richesses d'aucuns particuliers ; ce qui lui attira de leur part une grande reconnoissance. Aussi ses soldats invités & reçûs chez les Citoyens, y furent traités magnifiquement, & y furent même long-tems défrayés.

La mere (b) des jeunes Attilius qui attribuoit à la négligence de ses

---

(a) Ville de la Libye bâtie par Hercule. Diodore. L. 4 p. 225. de Rhod. & de cette traduction, Tom. 2. p. 4. Thèbes d'Ægypte a porté ce même nom à cause de ses cent portes.

(b) V. ci-dessus au sujet de Regulus une note au bas de la p. 43. des premiers fragmens. Je sai aussi que Palmerius dans ses remarques sur Appien p. 152. du Volume de ses observations, à revoqué en doute la cruauté du supplice

fils la mort cruelle de son mari, leur persuada de s'en venger sur deux prisonniers Carthaginois qu'ils avoient à Rome. Ils les enfermerent donc ensemble dans un lieu serré, où ils étoient l'un sur l'autre comme des animaux dans une étable trop étroite. Les ayant laissés-là cinq jours entiers sans leur donner aucune sorte de nourriture, le Carthaginois Bostar mourut le premier de faim & de suffocation. Amilcar plus courageux, & d'une plus forte constitution vivoit encore, quoique sans espoir de délivrance. Il tâchoit en vain de fléchir cette femme, en lui racontant les soins qu'il avoit pris lui-même de son mari. Bien loin de se laisser fléchir, elle fit enfermer avec lui pendant cinq jours le corps de Bostar, & ne lui fournit dans cet intervalle que le peu de nourriture qu'il lui falloit pour souffrir plus long-tems. Amilcar n'espérant plus rien des prieres, attesta à haute voix Jupiter Hospitalier, & tous les Dieux qui s'interessent aux hommes, & surtout à ceux qui souffrent de la part

274.

de Regulus attestée par tant d'Auteurs. On peut voir ses raisons dans | l'endroit cité qui ne fait rien à notre texte.

de ceux mêmes ausquels ils ont fait du bien. Il ne mourut pourtant pas dans ce supplice, & la providence ou la compassion des Dieux lui fournit un secours inespéré : car étant presque à l'article de la mort, soit par l'odeur du cadavre qu'il avoit auprès de lui, soit par les autres circonstances de sa situation, la providence le sauva. Quelques domestiques qui s'intéressoient à lui, allerent rapporter la chose aux Tribuns. Ils la regarderent comme une atrocité sans exemple : & peu s'en fallut que les parens d'Attilius, cités par le conseil de guerre ne fussent condamnés à la mort, pour avoir exposé le nom Romain au reproche d'une cruauté pareille. La sentence leur ordonna de traiter désormais leurs prisonniers de guerre avec plus d'humanité. Ceux-ci rejettant sur leur mere une partie de ce qu'ils avoient fait, renvoyerent à Carthage les cendres de Bostar mis sur le bucher, & s'employerent eux-mêmes à rétablir peu à peu la santé & les forces d'Amilcar.

✱

LIVRE XXV.

276. LEs Carthaginois qui avoient disputé aux Romains pendant vingt-quatre ans de suite la possession de la Sicile, n'essuyerent point dans cette guerre autant de calamités qu'ils en éprouverent dans celle qu'ils eurent à soutenir contre leurs soldats Soudoyés qu'ils avoient offensés. Leur ayant refusé indignement le prix dont ils étoient convenus, peu s'en fallut que cette injustice ne leur fit perdre & leur empire & leur habitation même : car les Soudoyés les abandonnant aussi-tôt, les exposerent aux plus grands périls.

En effet les Carthaginois ayant envoyé demander à ces révoltés, les corps de quelques-uns des leurs, demeurés sur le champ de bataille dans un combat qui venoit de se donner entr'eux : Spondius (a) & les autres chefs des rebelles suivant une fougue d'inhumanité de Sauvages, non-seulement refuserent de rendre ces corps,

___

(a) Polybe le nomme Spendius dans son premier livre p. 71. qu'il faut consulter sur cette guerre. M. de Valois.

mais ils les avertirent encore de ne plus faire une semblable députation, s'ils ne vouloient exposer leurs envoyés à un traitement pareil à celui de leurs camarades. Ils firent même un décret par lequel il étoit porté que tout Carthaginois, qui seroit pris dans la suite, seroit condamné au même genre de mort que les précédens : & si ce n'étoit qu'un de leurs alliés, on le renverroit à Carthage les mains coupées. Cette barbarie de Spondius força Amilcar de renoncer à l'humanité à laquelle il étoit porté de lui-même ; & il se vit obligé de rendre la pareille à ceux qu'il faisoit prisonniers dans le parti contraire. Ainsi après d'autres tourmens qu'on leur avoit fait souffrir, on les exposoit aux bêtes féroces, dont plusieurs les étouffoient par leur poids en passant seulement sur eux.

Les habitans d'Hippacrine & d'Utique se détacherent des Carthaginois, & égorgerent la garnison que la capitale avoit posée dans leurs villes. Ils en jetterent les cadavres par dessus leurs murailles, non-seulement sans les faire ensevelir, mais refusant même aux Carthaginois la permission qu'ils demandoient de les ensevelir eux-mêmes.

278. Amilcar, surnommé Barcas, rendit de très-grands services à sa Patrie, & dans la Sicile, & contre les Romains, & dans l'Afrique même, lorsque les Soudoyés de Carthage & plusieurs autres Lybiens, de concert avec eux, entreprirent d'assiéger leur capitale : car ayant fait dans l'une & dans l'autre guerre des actions très-éclatantes, & s'étant gouverné partout avec beaucoup d'équité & de sagesse, il s'attira une reconnoissance universelle & une très-haute considération. Ayant terminé la guerre de la Libye, il ramassa une troupe de bandits, pour aller au loin faire un grand pillage, & rapportant en effet de cette course une grande proye ; tout cela joint aux exploits précédens qui lui avoient attiré l'affection du peuple & l'avoient déja rendu fameux en fait de guerre, lui fit donner pour un tems limité le commandement général de l'armée Africaine.

LIVRE XXVI.

Annibal aimoit naturellement la guerre, à laquelle il s'étoit exercé d'ailleurs depuis son enfance; & ayant servi long-tems sous les plus excellens Capitaines de sa nation, il avoit acquis une grande expérience dans cet art. Aussi avoit-il conçu de ce côté-là de grandes espérances de lui-même.

Minutius ayant été vaincu par Annibal, cet évenement fit voir que Minutius avoit tout perdu par son imprudence & par son incapacité, & que Fabius avoit rétabli la République par sa prudence & par sa valeur.

Dorimachus, Commandant des Ætoliens, se rendit coupable d'un grand sacrilege, lorsqu'après avoir pillé en Epire le temple de Dodone, célebre par l'Oracle qui y résidoit, il le brûla tout entier à l'exception de la seule chapelle de l'Oracle.

Quand les troupes d'Annibal se furent gorgées des richesses des Campaniens, elles changerent bien d'humeur & de disposition. Car l'usage continuel de la bonne chere, des lits mollets & des parfums mêmes, émoussa toute leur vigueur & les rendit incapables de soutenir ni la disette ordinaire, ni les travaux continuels de la guerre; & par le corps, aussi bien que par l'esprit, tous les soldats sembloient être devenus des femmes.

280. Annibal ayant fait une longue déclamation contre la méchanceté, la cruauté & l'orgueil des Romains, fit mourir un certain nombre d'entre les fils & les parens des Sénateurs, choisis parmi les prisonniers qu'il avoit faits pour punir en leur personne tout le Sénat.

Le même Annibal pour satisfaire sa haine contre tout le corps, fit un choix de ceux qui étoient les plus propres à se battre; entre lesquels il opposa non-seulement des parens à des parens, mais encore des freres à des freres, & des fils mêmes à leurs peres. Mais on eut lieu d'admirer en cette occasion la vertu & la constance Romaine : car quoiqu'on employat contre eux le feu, les pointes de fer & les coups de fouets les plus violens; on ne put forcer aucun de ces prisonniers à ce combat odieux, &

ils moururent tous dans ces terribles épreuves, sans qu'aucun d'eux consentit jamais à l'exercice, ou au genre de combat qu'on exigeoit de lui.

La couronne de Syracuse ayant passé après la mort de Gelon (*a*) & d'Hieron à Hieronymus qui étoit encore extrêmement jeune, la Sicile ne trouvoit pas en lui un Souverain propre à la défendre. Au contraire ce jeune Prince corrompu par les flatteries de ses proches, se laissa aller au luxe, à l'intempérance & même à la tyrannie: il attentoit à l'honneur des femmes les plus considérables; il en coutoit la vie à ses amis qui tentoient de le corriger; il faisoit mettre à l'encan les biens de gens non condamnés, & en distribuoit l'argent à ses flateurs. Par toute cette conduite il excita d'abord contre lui la haine du

___

(*a*) Il est parlé ci-devant d'Hieron en 5. ou 6. endroits des premiers Fragmens fournis par Hœschelius. Gelon étoit fils du Roi Hieron; mais étant mort avant son pere, la couronne passa à Hieronymus fils du même Gelon. M. de Valois place l'avenement d'Hieronymus à la couronne en l'Olympiade 140 sans désigner l'année. Si c'est la premiere, nous sommes ici à 81. ans de la fin du l. 20. ou à 227. ans avant l'Ere Chrétienne.

peuple, d'où s'en fuivirent les complots contre fa perfonne, & enfin fa mort prématurée.

Dès qu'on fe fut défait de lui, les Syracufains tinrent une affemblée dans laquelle il fut décidé qu'on feroit mourir tous fes proches, fans en excepter même les femmes, afin qu'il ne reftat aucun rejetton de la tyrannie.

282.

Magon ayant envoyé à Annibal le corps de Sempronius Gracchus, toute la foldatefque Carthaginoife s'écria qu'il falloit le découper en morceaux, que l'on jetteroit avec la fronde de côté & d'autre; mais Annibal ayant repréfenté qu'il feroit honteux d'exercer fa colere fur un corps mort; penfant lui-même aux variations de la fortune, & d'ailleurs plein d'eftime pour la vertu de cet ennemi, il fit comprendre qu'il n'y auroit que de la baffeffe à fe venger fur un cadavre (*a*). Ainfi il fit lui même en grande pompe les funérailles du mort: & de plus il renvoya fon corps au camp des Romains.

Après la prife de Syracufe, les

(*a*) Tite-Live dit un mot de cette action. l. 23. c. 17.

citoyens étant allés au-devant de M. Marcellus avec des branches d'Olivier à la main ; le vainqueur leur déclara qu'il sauveroit la vie à toutes les personnes libres ; mais que toutes les richesses de la ville seroient la proye de ses soldats.

Les Carthaginois ayant terminé à leur avantage la guerre de la Libye, en userent cruellement à l'égard des Numides, faisant mettre en croix tous les prisonniers qu'ils avoient faits, sans excepter les femmes ni les enfans : ce qui fut cause que dans la suite, la postérité de ces malheureux se ressouvenant d'une pareille cruauté, fournit des ennemis implacables aux Carthaginois.

Nous ne devons pas oublier ici les vertus d'Hasdrubal : étant fils d'Hamilcar, surnommé Barcas, le plus grand Capitaine de son siécle, qui avoit souvent battu les Romains dans la guerre de Sicile, & qui après avoir terminé la guerre civile, avoit conduit le premier une armée en Espagne ; il ne se rendit point indigne de la gloire de son pere, & il a passé sans contredit, pour être après son frere Annibal, le premier Capitaine des Carthaginois. Son frere même l'avoit nommé Commandant des troupes destinées pour l'Espagne, où il donna plusieurs combats très-périlleux: se relevant toujours de ses pertes, il a passé sa vie dans les dangers. Enfin chassé des côtes de l'Espagne, il trouva encore moyen de se faire une forte armée, & d'entrer en Italie contre l'attente de tout le monde.

Nabis (*a*), tyran de Lacedemone, fit mourir Pélops fils de Lycurgus déja mort. Ce Pélops étoit encore dans son enfance, & Nabis craignoit que ce jeune Prince avançant en âge & se ressentant de la grandeur de sa naissance, ne rendit la liberté à sa Patrie. Ainsi il se délivra encore des plus considérables d'entre les Lacedemoniens par le meurtre, & ramassa de côté & d'autre pour sa garde & pour la défense de sa personne, ce qu'on pouvoit trouver d'hommes perdus d'honneur & de réputation. Par-là il remplit Sparte de voleurs, d'assassins & de scélérats de toute espece: jugeant bien qu'il ne pouvoit soutenir que par

___
(*a*) Il sera encore parlé de lui à l'entrée des extraits suivans donnés par Fulvius Ursinus.

de tels défenseurs une usurpation aussi injuste que la sienne.

Les habitans de l'Isle de Créte s'étant mis à pirater avec sept vaisseaux équippés à ce dessein, découragerent par cette entreprise un grand nombre de Commerçans; de sorte que les Rhodiens que ce désordre intéressoit principalement, & qui s'y trouvoient personnellement intéressés, déclarerent sur ce sujet la guerre aux Crétois.

Pleminius (*a*), Lieutenant de Scipion, ayant été laissé à Locres (*b*) avec un corps de troupes, exerça son impiété qui étoit naturellement très-grande, à piller les trésors du temple de Proserpine qu'il se fit ouvrir par force. Les Locriens, indignés de ce sacrilége, ayant attesté la bonne foi & la protection du peuple Romain; les deux Tribuns des soldats parurent irrités de cette action, non à la vérité en vue de l'impiété qui s'étoit commise, mais parce que les impies ne leur avoient point fait part de leur proye. Quoiqu'il en soit, la Déesse

(*a*) C'est celui dont il est question en plusieurs endroits du l. 29 de T. Live, où l'Historien Latin s'écarte même un peu du nôtre.
(*b*) A l'extrémité occidentale de l'Italie.

punit bientôt les uns & les autres. On disoit que ce temple avoit été le plus célebre de l'Italie, & que par l'attention & par la défense des habitans du lieu, il n'avoit jamais essuyé d'insulte impunie: en effet lorsque Pyrrhus passa de la Sicile (*a*) à Locres à la tête d'une armée entiere, & que pressé par ses soldats qui lui demandoient leur paye, il fut obligé de la prendre dans le thrésor de ce temple, on raconte que la flotte de ce Roi fut assaillie quelque tems après d'une tempête violente; de sorte que Pyrrhus effrayé tâcha d'appaiser la Divinité, en promettant de ne point rentrer dans ses Etats, qu'il ne lui eut rendu l'argent qu'il avoit pris. Cependant les Tribuns faisant semblant d'admettre la requête des Locriens, firent de fortes réprimandes à Pleminius, & le menacerent de punition juridique. Là-dessus la querelle s'échauffant, on en vint aux mains, & les Tribuns ayant jetté Pleminius par terre, lui déchirerent avec les dents les oreilles, le nez & les levres. Mais Pleminius se relevant enfin, fit saisir ces mêmes Tribuns, & sur le champ les fit battre de

(*a*) Correction très-bien fondée de M. de Valois, au lieu de l'Italie qui est dans le Greq.

verges jusqu'à la mort. Le Sénat & le peuple Romain entra cependant en grande crainte sur le sacrilége dont on s'étoit chargé; & les ennemis de P. Scipion trouvant un prétexte à la calomnie, tâchoient d'insinuer que Pléminius n'avoit rien fait que de son consentement & par son ordre. Ainsi par un décret du Sénat en forme, deux Tribuns du peuple & un Ædile furent envoyés en Sicile avec ordre d'en ramener Scipion à Rome, s'il leur étoit prouvé qu'il eut eu part à ce sacrilege, si-non, qu'on lui laissat transporter son armée en Afrique: mais avant qu'ils fussent arrivés Scipion avoit déja fait arrêter Pleminius, & il s'occupoit d'ailleurs à faire faire l'exercice à son armée. Sur quoi les Tribuns admirant la constance de ce Général, lui donnèrent de grandes louanges. Cependant Pleminius conduit à Rome chargé de chaînes, fut mis en prison & y mourut bien-tôt après. Tous ses biens furent donnés au temple de Proserpine, par un décret du Sénat, qui portoit encore qu'on fourniroit du thrésor public ce qui manquoit pour égaler la somme pillée. On ajouta qu'on tenoit actuellement pour coupable de mort tout soldat qui ne rapporteroit pas au temple ce qu'il pourroit avoir entre les mains qui en auroit été tiré. Enfin on déclara les Locriens libres.

288. P. Scipion, à la vue de Syphax (*a*) qu'on lui amenoit chargé de chaînes, commença par verser des larmes, en se représentant la félicité précédente de ce Roi sur son Thrône. Et comme Scipion lui-même avoit dessein d'user sobrement de sa fortune; il fit d'abord délier ce Prince, & lui fit rendre sa propre tente, où ce Roi étoit servi par ses propres domestiques. Il avoit souvent avec lui des conversations familieres. Il le tenoit comme dans une prison ouverte, & l'invitoit même assez souvent à venir manger avec lui.

Sophonisbe qui avoit d'abord épousé Massinissa (*b*) & ensuite Syphax, & qui ayant été faite prisonniere de guerre, étoit revenue entre les mains

(*a*) Roi des Numides duquel il s'agit beaucoup dans la 3. décade de T. Live. l. 24.

(*b*) Nommé Roi des Massyliens en Afrique dans le sommaire du 24. l. de T. Live. Il a déja eu place dans les Fragmens tirés de Photius. ci-dessus l. 32. Fragm. 3. p. 909. de Rhod.

de Massinissa, étoit une femme d'une beauté extraordinaire, & d'ailleurs extrêmement engageante & capable d'obtenir par son adresse & par ses manieres flateuses, tout ce qu'elle souhaitoit. Comme elle aimoit extraordinairement sa Patrie, elle faisoit tout ce qui étoit en son pouvoir pour détacher son mari du parti des Romains. Syphax instruit de la chose, la fit sçavoir à Scipion, & l'avertit de se défier de cette femme. Lælius son Lieutenant lui ayant confirmé le fait, Scipion donna ordre qu'on la lui amenat. Massinissa ne voulant point le permettre, Scipion lui en fit de trèsgrands reproches, sur lesquels Massinissa répondit qu'on n'avoit donc qu'à envoyer une garde pour conduire Sophonisbe en sureté. Mais pendant ce tems-là, passant avec elle dans une tente fermée, il l'obligea d'avaler un grand vase de poison.

Scipion, par sa douceur & par ses égards pour les prisonniers de guerre, s'acquit pour toujours l'attachement & la confiance de Massinissa.

Annibal dans l'assemblée & dans le conseil des alliés, leur déclara qu'il devoit nécessairement repasser en Afrique, & permit à tous ceux qui le voudroient de l'y suivre: un certain nombre d'entr'eux accepta ce parti. Mais pour ceux ausquels le séjour de l'Italie étoit plus agréable, ils les fit environner de toute son armée, à laquelle il permit d'abord de choisir pour emmener esclaves en Afrique ceux qu'ils voudroient: & à l'égard du reste qui passoit encore le nombre de vingt mille fantassins & de trois mille hommes de cheval, il les fit égorger sans miséricorde, aussi bien qu'un nombre prodigieux de bêtes de charge.

290.

Quatre mille cavaliers qui après la mort de Syphax, étoient passés au service de Massinissa, désertoient encore une fois pour se donner à Annibal. Mais celui-ci déja irrité de leur désertion précédente, les fit environner de ses troupes qui les percerent à coup de traits, après quoi il distribua leurs chevaux à ses anciens soldats.

Scipion ayant envoyé des Ambassadeurs à Carthage, il s'en fallut peu que le peuple ne se jettat sur eux pour les égorger. Mais les plus sages d'entre les Carthaginois, sauverent les

Ambassadeurs de ce péril, & les ayant mis eux-mêmes dans des galeres, il les renvoyerent au camp des Romains. Cependant ceux qui passoient à Carthage pour amis du peuple, & qui avoient le plus de crédit dans la ville, recommanderent au chef de ces galeres de tuer les Ambassadeurs dès qu'il les auroit mis à terre, & avant que de ramener les galeres. Mais ce chef entreprit inutilement la chose : & les Ambassadeurs arriverent sains & sauves jusques à Scipion. Cependant la providence des Dieux se manifesta bien-tôt à ceux qui avoient entrepris un si grand crime. Car des Ambassadeurs Carthaginois qui revenoient alors de Rome, furent jettés par les vents dans le port des Romains. Les prisonniers ayant étés conduits aussi-tôt à Scipion ; tout le monde croyoit qu'il falloit punir sur eux la perfidie de leurs compatriotes. Mais Scipion répliqua qu'il ne convenoit point à la République de commettre les trahisons ou les lâchetés qu'elle reprochoit à ses ennemis. Les prisonniers sauvés ainsi revinrent à Carthage, en admirant la vertu & la générosité des Romains.

Philippe Roi de Macedoine voulant engager Dicearque d'Ætolie (*a*) à faire le métier de Pirate, lui donna vingt vaisseaux. Il lui conseilla de mettre les Isles à contribution, & de donner du secours aux Crétois dans la guerre qu'ils avoient contre les Rhodiens. Celui-ci donc suivant ce conseil, se mit à attaquer les vaisseaux marchands, & se jettant dans les Isles qu'il trouvoit sur sa route, il en tira beaucoup d'argent. Il y avoit dans la Cour de Philippe un certain Heraclide de Tarente, très-méchant homme, qui par des calomnies secretes animoit le Roi contre les principaux d'entre ses amis; ce qui le porta à un tel excès de colere, qu'il fit égorger cinq des principaux membres du conseil d'état: cette exécution jetta bientôt dans un désordre très-grand les affaires de Philippe même: car ayant entrepris plusieurs fois de faire la guerre sur de forts légers prétextes, peu s'en fallut qu'il ne fut dépouillé de tous ses états par les Romains: aucun de ses amis n'osoit plus l'avertir de rien, tant il étoit devenu in-

---

(*a*) Il est indiqué plus exactement qu'en d'autres Historiens dans Justin. l. 28. c. 3.

traitable. Il déclara la guerre aux Dardaniens, quoiqu'ils ne lui eussent fait aucun tort : & il étendit sur la place plus de dix mille hommes d'entre eux.

Le même Philippe, outre la cupidité qui le dévoroit, se portoit dans la prospérité à une telle insolence, qu'il faisoit égorger ses amis mêmes sans les entendre, & qu'il violoit & abbattoit les temples & les mausolées. Antiochus (*a*) ayant tenté de même de piller le temple de Jupiter en Elymaide (*b*), y trouva une fin digne de sa vie : car il y perdit toutes ses troupes & la vie même. Ces deux Princes qui croyoient leurs troupes invincibles, vaincus dans un dernier combat, furent obligés de subir la loi qu'ils avoient imposée à d'autres. Ils en vinrent pourtant à s'imputer (*c*) leur malheur à eux-mêmes, & à se reconnoître redevables de la vie à l'humanité de leurs vainqueurs. Mais comme ils l'avoient bien mérité, la colere des Dieux s'étendit sur leurs états : au contraire les

---

(*a*) Antiochus le Grand 4e. Roi de Syrie. M. de Valois.

(*b*) Province de Perse.

(*c*) Ceci semble se rapporter à ce qu'on lit du même Antigonus au second livre des **Machabées** c. 9.

Romains n'ayant entrepris dès lors & depuis que des guerres justes, & ayant toujours été fideles à leurs sermens & à leurs traités ; ce n'est pas sans juste cause que les Dieux ont paru toujours favoriser leurs projets & leurs entreprises.

294. Philippe Roi de Macedoine manquant de vivres se mit à ravager tout le Royaume d'Attalus jusqu'aux portes de Pergamene (a). Il renversa tous les temples de cette ville, & entr'autres celui de la victoire, qui étoit parfaitement bien décoré, & qui étoit rempli de figures & d'ouvrages ciselés dans la plus grande perfection : parce qu'étant fâché contre ce Prince, il n'avoit pû le rencontrer dans ses états.

Le même Philippe venant à Athenes, campa auprès de Cynosarge (b) d'où il vint brûler l'Academie, après quoi il fouilla dans les tombeaux, & profana les temples mêmes. Se livrant à sa passion contre les Atheniens, il ne se soucioit pas d'offenser les Dieux. Il augmenta considérablement par cette conduite la haine que les hommes avoient conçûe depuis long-

(a) Dans la Thrace. d'Hercule.
(b) Lieu des exercices l

tems contre lui. Mais il éprouva bientôt la vengeance des Dieux mêmes : car étant tombé par ses extravagances & par ses fureurs en toutes sortes d'infortunes, il ne trouva de ressource que dans la clemence des Romains.

Philippe voyant que les Macedoniens étoient irrités contre lui à cause de l'amitié qu'il avoit pour Heraclide, il le fit mettre en prison. Celui-ci qui étoit natif de Tarente : se trouvant de son naturel un des plus méchans hommes du monde, avoit fait de Philippe naturellement bon un tyran insupportable : c'est pour cela aussi que les Macedoniens & les Grecs haïssoient également ce corrupteur des Rois.

Annibal avoit rempli toute la terre du bruit de son nom, & les habitans de toutes les villes s'assembloient sur son passage pour le voir.

Ptolemée Roi d'Egypte se conduisit pendant quelque tems avec beaucoup de sagesse : Mais dans la suite se laissant corrompre par les flateurs, il en vint à cet excès d'injustice & d'iniquité de contraindre Aristomene (*a*)

___

(*a*) Cet Aristomene étoit le Tuteur de Ptolemée Philometor, & Polybe fait mention de lui vers la fin de son L. 17. Mr. de Valois.

296.

d'avaler un verre de ciguë; parce que ce Ministre qui avoit été son tuteur, qui gouvernoit sous lui son Royaume avec beaucoup de sagesse, & qu'il avoit lui-même appellé son pere, l'avertissoit de ses fautes. Après ce crime Ptolemée devenant tous les jours plus méchant, & n'usant plus de son pouvoir que pour commettre des injustices & des cruautés, se fit haïr de tous ses sujets; & peu s'en fallut qu'il ne fût déthrôné de son vivant.

Il y a auprès de Chalcis (*a*) un temple nommé Delium. Quelques soldats des Alliés du peuple Romain se promenant autour de ce temple pour le considérer, & ne soupçonnant aucun péril ni aucune trahison, furent surpris & égorgés par l'armée d'Antiochus, sans qu'il y eut aucune guerre déclarée de la part de ce Roi. Les Grecs furent très-mécontens d'une pareille hostilité, qui les jettoit malgré eux dans une guerre sérieuse contre les Romains. En effet Titus Flaminius qui se trouvoit alors dans le voisinage de Corinthe, attesta les Dieux &

(*a*) M. de Valois avertit ici que dans son latin que j'ai suivi, il a emprunté quelque chose du L. 35. de T. Live. C'est l'attaque inopinée de Menippus lieutenant d'Antiochus l. 35. c. 51.

les hommes, qu'Antiochus avoit donné le premier signal du combat.

Antiochus prenant son quartier d'hyver à Démetriade ( ), & oubliant-là ses projets de guerre, se laissa gagner par les charmes d'une jeune fille, avec laquelle il voulut célébrer ses nôces, par des jeux magnifiques, quoiqu'il eut alors cinquante ans passés. Ce mariage indécent, non-seulement abbatit en lui toutes les forces de l'esprit & du corps, mais fit perdre à tous ses soldats le courage, & le zéle dont ils étoient animés pour son service. Aussi lors qu'au Printems suivant ils se virent hors de leurs quartiers d'hyver, qu'ils avoient passés dans la bonne chere, ils ne pouvoient plus soutenir ni la faim ni la soif, ni aucune autre des incommodités de la guerre. Mais les uns demeuroient malades sur la route, & les autres ne suivoient le corps d'armée que de très-loin.

Le même Antiochus voyant que toutes les villes de la Thessalie passoient dans le parti des Romains; que les troupes qu'il attendoit de l'Asie

---

(*a*) Ce n'est pas à Démetriade, mais à Chalcis que ces nôces furent célébrées, selon Polybe L. 20. & T. Live L. 36. c. 11. Mr. de Valois.

n'arrivoient point, & que les Ætoliens qui se pressoient peu de lui tenir parole, alleguoient tous les jours de nouveaux prétextes de délai, se trouvoit dans une grande perplexité: il étoit sur tout fort en colére contre ceux qui l'avoient engagé à entreprendre cette guerre sans préparation, & n'ayant encore que les Ætoliens dans son parti. Il conçut au contraire une grande estime pour Annibal, qui lui avoit donné un conseil tout opposé, & il changea les soupçons qu'il avoit eus d'abord sur son sujet, en une grande confiance en ses conseils. Il le regarda dès-lors comme son ami le plus fidele, & il n'entreprenoit rien qu'il n'eut eu son approbation.

298.

Antiochus abbatu par sa défaite resolut d'abandonner l'Europe, & de se restraindre à la défense des provinces qu'il possedoit en Asie; il obligea même tous les Citoyens de Lysimachie d'abandonner cette ville, & de le suivre avec leurs familles entieres. Tout le monde condamna cette démarche, & l'on regarda comme une grande imprudence de sa part, de renoncer à une place de défense, & très-propre à empêcher le passage de ses ennemis d'Europe en Asie, & de l'abandonner sans combat à ses Adversaires. L'évenement verifia bientôt cet avis. Car Scipion s'emparant de cette ville sans défenseurs & sans habitans, en tira de très-grandes facilités pour ses entreprises.

Le Préteur M. Fulvius ayant manqué de foi à l'égard des Alliés de la Ligurie, en porta la peine qu'il meritoit. Car étant entré chez les Cenomaniens (*a*) comme ami, il leur enleva leurs armes, quoiqu'il ne pût se plaindre d'aucune hostilité de leur part. Le bruit de cette injustice étant venu jusqu'au consul, il fit rendre aux Cenomaniens les armes qu'on leur avoit prises, & condamna Fulvius à une amende pecuniaire.

Antiochus qui avoit besoin d'argent apprit qu'il y avoit dans l'Elymaide (*b*) un temple de Belus fort enrichi par les offrandes d'or & d'argent qu'on y avoit portées. Il conçût aussi-tôt le dessein de s'en emparer. Il vient en effet à Elyme, & imputant aux Citoyens de cette ville d'avoir les premiers commencé la guerre, il pilla

___
(*a*) Peuple de la Ligurie au-delà du Pô. (*b*) Province de Perse.

leur temple, d'où il tira d'immenses thrésors. Mais il essuya bientôt de la part des Dieux le châtiment de ce sacrilege.

Philopœmen (*a*) général des Achæens étoit un homme distingué, par la capacité, par la prudence & par toutes les parties de l'art militaire : & d'ailleurs il gouverna toute sa vie ses compatriotes sans s'attirer aucune espece de reproche. Il se vit à la tête de sa nation quarante ans de suite, pendant lesquels il lui procura de grands accroissemens; & recevant les particuliers mêmes avec beaucoup d'égards & de politesse, ses vertus le firent estimer & admirer également & des Grecs & des Romains. Il ne termina (*b*) pourtant pas heureusement sa vie. Mais par un effet de la divine providence l'infortune de sa mort fut réparée par les honneurs héroïques que sa nation lui décerna : ses Concitoyens lui éleverent même un temple, & ordonnerent que tous les ans on

300.

___

(*a*) Né à Mégalopolis d'Arcadie.

(*b*) Il fut pris dans une bataille par les Messéniens qui l'empoisonnerent. Son successeur fut Lycortas pere de l'Historien Polybe. V. T. Live. L. 35. & Justin. L. 32. c. 1. La vie de Philopœmen est dans Plutarque.

lui sacrifiat un Taureau, en accompagnant cette cérémonie d'un panegyrique prononcé en son honneur, & d'hymnes chantés à sa gloire par toute la jeunesse de la nation.

Annibal le plus illustre sans contredit de tous les Carthaginois, par sa capacité dans l'art militaire, & par le nombre de ses exploits, n'a jamais essuyé la moindre révolte de la part de ses soldats : & son extrême prudence a toujours maintenu dans le devoir & dans la concorde de nombreuses troupes très-différentes entr'elles, & par le genie & par la langue même. Quoique les soldats levés dans la ville fussent fort sujets à passer chez l'ennemi sur le moindre mécontentement, il n'y a jamais eu sous lui un pareil exemple. Il n'a jamais laissé manquer ses troupes quelque nombreuses qu'elles pussent être, ni de vivres ni d'argent : & ce qui est digne de remarque, les Soudoyés ou soldats étrangers n'ont jamais cedé sous lui aux Citoyens ou soldats du pays, en fidelité ou en attachement à sa personne, & les ont même surpassés en ce point. Ainsi comme il commandoit avec une grande intelligence, il a fait aussi des exploits extraordinaires. En effet ayant porté la guerre à des nations très-puissantes, il a ravagé l'Italie pendant dix-sept ans. N'ayant jamais encore été battu, il fit essuyer tant de défaites à ces maîtres du monde, & mit par terre un si grand nombre de leurs soldats, qu'aucun de leurs chefs n'osoit plus l'attendre en bataille rangée. Il mit le feu à beaucoup de villes qu'il avoit prises, & il dévasta l'Italie florissante auparavant par une jeunesse nombreuse. Il employa à ces exploits mémorables non seulement les forces de sa capitale & de sa nation, mais encore un nombre prodigieux d'Alliés & de Soudoyés. Il surmonta par son attention & par ses ressources dans l'art militaire, des hommes que leur liaison mutuelle sembloit rendre invincibles : & il fit voir à tout le monde qu'un chef est à son armée ce que l'ame est au corps humain.

302.

Scipion étant encore extrêmement jeune, surpassa toutes les espérances qu'on avoit conçûes de lui, par la victoire qu'il remporta en Espagne sur les Carthaginois, & qui délivra Rome même de grands périls & de grandes craintes. Car il obligea par-là Annibal de sortir de l'Italie par pure précaution, & sans avoir essuyé de défaite, ni donné même aucun combat. Dans la suite ayant vaincu par son courage & par son intelligence dans la guerre le même Annibal jusqu'alors invincible, il parvint jusqu'à soumettre Carthage même. Leocritus lieutenant du Roi Pharnace, après avoir donné de frequens assauts à la ville de Teium (a), qui n'étoit gardée que par des Soudoyés, les obligea de la rendre, sous la condition de les faire conduire en sûreté où il leur plairoit. S'étant donc mis en chemin sur la foi de cette capitulation, Leocritus qui les conduisoit les fit tous percer à coups de fléches suivant l'ordre qu'il en avoit reçu de Pharnace, qu'ils avoient autrefois offensés.

Séleucus (b) ayant assemblé des troupes considérables, se préparoit à passer le mont Taurus, pour aller porter du secours à Pharnace : mais il fit bientôt reflexion, que cette liaison lui étoit interdite, par les articles du trai-

(a) Au lieu de Pium qui est dans le texte. Correction de Mr. de Valois.

(b) Fils d'Antiochus surnommé Dieu. Justin. L. 27. C. 1.

té que le peuple Romain avoit passé autrefois avec son pere.

Les assassins de Démetrius (*a*) ne purent échaper à la vengeance divine à l'égard d'un crime si énorme. Ceux qui avoient apporté de Rome des calomnies contre ce Prince, ayant depuis encouru l'indignation du Roi, furent punis de mort. Philippe lui-même tant qu'il vécut, tourmenté continuellement par le remords d'avoir fait ôter la vie à un fils doué de tant de grandes qualités, ne lui survécut pas deux ans ; & tourmenté par un remords continuel, il mourut d'inanition & de regret. Cependant Persée Auteur de tant de maux par ses délations & ses calomnies, s'étant enfui à Samothrace après sa défaite par les Romains, ne put être garanti par le privilege du fameux temple de cette province, dans lequel il s'étoit refugié, & il en fut tiré pour subir le châtiment qu'il avoit merité par le meurtre de son frere.

304.

(*a*) Fils de Philippe Roi de Macedoine, nommé ci-dessus p. 290. de Mr de Valois, & frere aîné de Persée nommé dans les extraits de Photius, ci-dessus L. 31. Fragm. 2. p. 892. de Rhod.

Tiberius Gracchus (*a*) envoyé comme lieutenant en Espagne y faisoit courageusement la guerre. Etant encore alors dans sa premiere jeunesse, il surpassoit tous ses pareils en genie & en prudence, & donnant dès-lors de très-grandes espérances, sa vertu lui avoit déja acquis une grande réputation.

Le Consul Paul Emile qui se déclara Protecteur des Macedoniens (*b*), homme distingué par la grandeur de sa naissance, par la beauté de sa figure, & par la sagesse de sa conduite, fut encore décoré par le peuple Romain de tous les titres d'honneur établis dans la Republique. Loué par tout le monde dans le cours de sa vie, il souhaitoit encore que la réputation qu'il laisseroit après sa mort fut utile à la Republique.

Antiochus nouvellement monté sur le thrône de Syrie (*c*), se forma le plan d'une vie toute différente de celles des autres Rois. Premiérement sortant quelquefois de son palais à l'insçû de

---

(*a*) Les vies des deux Gracchus sont dans Plutarque.

(*b*) Sa vie est dans Plutarque.

(*c*) Antiochus Epiphanes.

tous ses Ministres, il parcouroit toute la ville accompagné seulement d'un homme ou deux. Il se faisoit un plaisir & même une espece d'honneur de se joindre à des Citoyens, & sur tout à des étrangers de la plus basse condition pour boire avec eux. S'il apprenoit que quelques jeunes hommes eussent fait partie de passer la journée ensemble, il les alloit trouver ayant sur lui son vase à boire, & leur menant des joueurs d'instrumens. La plusspart surpris de voir le Roi, prenoient la fuite, & les autres effrayés demeuroient dans le silence. Le plus souvent

306. il quittoit son vêtement royal pour prendre une robe de candidat, comme il l'avoit vû pratiquer à Rome par ceux qui briguent les charges publiques. On le voyoit quelquefois arrêter & embrasser les passans dans les rues, & les prier de lui donner leur voix ou pour l'Ædilité ou pour le Tribunat. Quand il avoit obtenu d'eux la place qu'il avoit briguée; il siegeoit sur un Tribunal d'yvoire, comme les Juges Romains, & il écoutoit les causes que l'on plaidoit devant lui. Il

(a) Quelques-unes de ses folies sont rapportées par T. Live. L. 41. c. 20.

jouoit ce personnage avec tant d'attention & d'exactitude que ses amis en demeuroient émerveillés : de sorte que les uns traitoient cette comédie d'imbecillité, les autres de démence, & les autres enfin de phrenesie & de transport au cerveau.

Le bruit s'étant répandu à Pergame que le Roi Eumenés étoit mort, en conséquence des embuches qu'on lui avoit dressées, Attalus se livra avec plus d'ardeur & de liberté qu'auparavant, à son commerce avec la Reine. Cependant Eumenés étant revenu lui-même, fit semblant d'ignorer ce qui s'étoit passé en son absence, & ayant embrassé son frere, il lui témoigna toujours la même amitié qu'auparavant.

Cotys Roi des Thraces étoit un homme sage dans son conseil, veillant à la guerre, & ingenieux en toutes choses ; distingué d'ailleurs par une temperance & une sobrieté merveilleuse, il se garantit toujours des vices qu'on a le plus reprochés aux Thraces.

Persée ayant emporté de force la

ville de Chaleſtrum (*a*), y fit égorger toute la jeuneſſe : & comme environ cinq cens Citoyens armés s'étoient refugiés dans une citadelle aſſez forte, & demandoient là qu'on leur ſauvat ſeulement la vie, le Roi leur accorda de ſortir ſans armes. Mais comme ils défiloient tranquillement ſur cette condition ; les Macedoniens, ſoit de leur propre mouvement, ſoit par un ordre tacite du Roi, les égorgerent tous.

308.

Charopus d'Epire étoit petit-fils de Charopus, qui dans la guerre contre Philippe avoit envoyé un eſclave à T. Flaminius pour le conduire par des Sentiers à travers des montagnes, ce qui avoit donné aux Romains le moyen de ſe ſaiſir d'un paſſage avantageux. Le petit fils de ce Charopus élevé à Rome, avoit contracté des liaiſons d'amitié & d'hoſpitalité avec pluſieurs perſonnages conſidérables, en mémoire des ſervices que ſon ayeul avoit rendus à la Republique, & comme il étoit de ſon naturel d'une audace & d'une malignité extraordinaire ; il chargeoit d'accuſations Calomnieuſes

(*a*) En Thrace.

auprès

auprès des Romains, les principaux personnages de sa nation, dans l'espérance de devenir lui-même tyran de l'Epire, par l'oppression de tous ceux qui auroient pû lui resister. Ce fut là ce qui engagea Cephalus & quelques autres d'entre les grands opprimés par ses calomnies à se liguer avec Persée, & à lui promettre de lui livrer l'Epire.

Eumenés (a) qui assiegeoit Abdere, désesperant d'emporter cette ville de force fit solliciter secretement un certain Pithon homme de grande authorité dans Abdere, & qui la gardoit en quelque sorte par ses esclaves & ses affranchis qui montoient au nombre de deux cents hommes : l'ayant effectivement gagné par ses diverses promesses, les portes lui furent ouvertes adroitement, & l'Assiegeant se trouva dans la ville. Mais Pithon ayant reçû le prix modique de sa trahison, & voyant sa patrie ruinée, en conçut un si grand regret qu'il en mourut en très-peu de tems.

La fortune avoit offert à Persée une occasion favorable d'exterminer par l'épée toute l'armée romaine qui se

(a) Roi de Pergame.

trouvoit alors enfermée, entre des pointes de rocher & des précipices (*a*), de sorte qu'il n'auroit fallu que des sons de trompêtes & des cris d'hommes, pour les faire rendre & passer sous le joug. Mais pendant que Persée négligeoit cette occasion, les Macedoniens aussi tranquilles que leur Roi, n'avoient ni gardes ni sentinelles sur les rochers qu'ils occupoient.

310. Persée croyant sa fortune absolument renversée & n'ayant lui-même plus de raison, envoya à Nicon garde de son thrésor à Phacus (*b*) l'ordre de le jetter avec toutes ses autres richesses dans la mer. Il dépêcha à Thessalonique un autre courrier, Andronicus, chargé de mettre au plûtôt le feu à tous les vaisseaux qu'il avoit là. Mais celui ci n'exécuta pas son ordre, dans la pensée de faire plaisir aux Romains par cette réserve.

Le même Persée enlevant toutes les statues d'or qu'il avoit à Dium, & se faisant suivre par tous les Citoyens de

(*a*) Il s'agit ici du passage du consul. Q. Marcius en Macedoine, dont parle T. Live au commencement de son L.

44. Mr. de Valois.
(*b*) Ville de Macedoine dans Polybe. Legat. 115. Mr. de Valois.

cette ville, hommes, femmes & enfans, se transporta à Pydne, ce qui est sans doute une des plus grandes fautes que ce Prince ait jamais faites.

Les habitans de Cydon (*a*) se rendirent coupables d'une trahison énorme, & tout à fait indigne d'une nation grecque. Car entrant en pleine paix & sous le nom d'amis dans Apollonie, ils en égorgerent toute la jeunesse, & partageant entr'eux & les femmes & les enfans, ils s'approprierent cette ville.

Antiochus Epiphanés pouvant faire égorger tous les Egyptiens qu'il avoit défaits dans une bataille, parcourut lui-même à cheval tous les rangs de son armée, pour défendre que l'on tuat aucun des vaincus ; mais ordonnant de les prendre vifs, il recueillit bientôt le fruit de cette générosité par la reddition, non-seulement de Peluse, mais de toute l'Egypte, dont il se vit maître.

Nous ne pouvons pas nous dispenser de relever ici l'indolence & la lâcheté de Ptolemée (*b*) en cette oc-

---

(*a*) Ville de Crete comme Appollonie dont on va parler.

(*b*) Ptolemée Philomictor ou Ptolemée 6. du reste on peut voir sur

casion. N'est ce pas en effet l'indice d'une ame veritablement effeminée, que d'avoir abandonné d'avance sans combat, & à la seule nouvelle d'un ennemi fort éloigné, un des plus beaux & des plus heureux Royaumes du monde connu. Mais quand on fait refléxion aux preuves de courage, de fermeté & de genie, qui l'ont égalé dans la suite aux plus grands Rois: nous sommes obligés de rapporter au vice de son éducation confiée à un Eunuque (*a*) qui ne lui avoit fait voir que des femmes, les premieres foiblesses dont il avoit donné l'exemple.

312.

Le Roi Antiochus parut ingénieux, courageux & très-digne du thrône dans toutes ses entreprises, si l'on en excepte pourtant ce qu'il fit à Peluse. (*b*).

Persée apprenant qu'un corps de Gaulois d'Élite ayant traversé le Da-

---

cette page 310. les remarques historiques de M. de Valois, que nous ne pouvons pas transcrire ici.

(*a*) C'est sans doute l'Eunuque Eulæus. V. sur cet article les pp. 49. & 50. des remarques de Mr. de Valois.

(*b*) Où il enleva la couronne au jeune Philometor, sous prétexte de la lui conserver. Mais à cette occasion même, les Egyptiens la donnerent à Ptolemée Physcon frere cadet de Philometor.

nube, venoit à son secours, dépêcha aussi-tôt des courriers dans la Mædique de Thrace pour hâter leur arrivée. Le chef de ces Gaulois demanda d'abord à ces députés qu'on leur comptât incessamment, & actuellement la somme de cinq cents talens qu'on leur avoit promise pour leur paye. Mais comme Persée avare de son naturel, ne songeoit point à tenir sa parole, les Gaulois s'en revinrent aussi-tôt dans leur pays.

Paul Æmile (*a*) ayant accepté la conduite des Legions Romaines, anima tous ses soldats par une harangue qu'il leur fit. Il avoit acquis alors une grande autorité sur l'esprit des Romains; & par son âge, qui étoit de soixante ans, & par les grandes actions qu'il avoit faites. Il inventa pour l'usage de la guerre beaucoup de pratiques nouvelles, ingénieuses, & qu'il n'étoit pas aisé d'imaginer. Ce fut enfin par sa prudence & par sa constance qu'il soumit aux Romains la Macedoine.

Persée souhaitant d'avoir plusieurs

(*a*) Il s'agit beaucoup de ce fameux Romain dans la quatriéme Decade de T. Live, & surtout au L. 44. c. 34. où cette harangue est rapportée. Sa vie est dans Plutarque.

compagnons de sa fuite ou de sa retraite par mer, proposa à son équipage de le mener dans un lieu où l'on trouveroit à faire un pillage de soixante talens. Aussi-tôt cinglant vers Galepsie en Thrace, où il savoit qu'un grand nombre de vases prétieux étoit en réserve, il les laissa d'abord enlever. Mais disant ensuite qu'une grande partie de ces vases avoient appartenu à Alexandre, il en promit la valeur à ceux qui les lui rapporteroient. Tout son monde s'étant fié à sa parole, le thrésor revint tout entier entre ses mains sans qu'il en rendit la valeur d'une obole à personne.

314. Persée se trouva malheureusement pour lui d'un caractére bien différent de celui du Grand Alexandre, un de ses Prédecesseurs : car au lieu que celui-ci forma par sa valeur seule un empire qui par son étendue répondoit à la grandeur de son ame & de son courage : Persée au contraire refusant par avarice le secours des Celtes, & se conduisant en tout par les mêmes principes de bassesse, amena à sa fin une domination très-grande encore, & qui avoit subsisté long-tems.

Après la déroute de Persée, L.

Æmilius Paulus chercha pendant quelque tems le plus jeune de ses fils Publius Africanus, réellement son fils, mais petit-fils par adoption de Scipion vainqueur d'Annibal. Ce jeune homme étoit alors à l'âge de dix-sept ans : s'étant trouvé plus d'une fois en de pareils combats dès son enfance, & né en quelque sorte dans les armes, il n'étoit point inférieur à son ayeul. Son pere l'ayant enfin trouvé, & ramené au camp fut soulagé d'une grande inquiétude : car il sembloit qu'il l'aimat non-seulement comme un pere, mais comme un amant.

Æmilius ayant reçû Persée avec beaucoup d'humanité & de douceur l'invitoit à sa table, & lui avoit donné une place dans ses Conseils. Il faisoit voir par-là, qu'autant qu'il étoit supérieur aux ennemis dans le combat, autant étoit-il doux & humain à l'égard des vaincus. C'est par des pratiques semblables que les autres Commandans Romains ont imitées, que Rome s'est renduë maîtresse de toute la terre, du consentement en quelque sorte des nations mêmes qu'elle a soumises.

Les Romains ayant vaincu dès leurs premiers tems de très-puissans Rois, tels qu'Antiochus & Philippe, non-seulement n'ont condamné les vaincus à aucune peine, mais leur ont encore rendu la jouissance de leurs états, & se sont liés d'amitié avec eux : en ces derniers tems, encore après une guerre longue & pénible, comme celle qu'ils ont eu contre Persée, & devenus souverains de la Macedoine entiere, ils en ont déclaré libres toutes les villes ; quoique les voisins des Macedoniens, ni eux-mêmes ne s'attendissent aucunement à cette générosité, sachant bien dans leur conscience les torts qu'ils avoient à l'égard des Romains. Car leurs premieres offenses leur ayant été pardonnées, ils ne se flattoient pas eux-mêmes de trouver quelque ressource de misericorde dans leurs vainqueurs. Cependant le Sénat oubliant alors toutes leurs injures, usa à leur égard d'une clemence extraordinaire. Car le Roi Persée qui ayant des obligations personnelles au peuple Romain, lui avoit déclaré sans le moindre prétexte une guerre injuste, & contraire à la foi des traités, fut

316.

mis dans une prison libre (*a*), & bien plus douce qu'il ne meritoit ou qu'il ne s'y attendoit, comme ayant été faisi les armes à la main & dans le combat même. A l'égard de la nation Macedonienne, dont les Romains pouvoient faire des esclaves elle fut déclarée libre, & ce privilege lui fut accordé, sans attendre la priere d'aucun des vaincus. Le Sénat permit de même aux Illyriens défaits de vivre selon leurs loix. Mais pour dire le vrai, les Romains songeoient bien plûtôt dans ces actes de clemence à conserver la réputation & la gloire de leur Empire, qu'ils ne croyoient les barbares dignes de la grace qu'ils leur faisoient.

Le Sénat déclara libres & les Macedoniens & les Illyriens; & de plus n'exigea d'eux que la moitié du Tribut qu'ils payoient à leurs propres Rois.

Persée jetté dans la suite dans une prison étroite, y auroit fini une vie malheureuse: *& le reste qui a été rapporté dans les Fragmens du Livre XXXI. tirés de Photius. p. 892. de Rhod.*

(*a*) C'est-à-dire, où le prisonnier n'avoit pas de chaînes.

Le Général des Gaulois revenant de la poursuite des ennemis, exerça une cruauté énorme & inusitée à l'égard de ses prisonniers de guerre. Car choisissant les plus beaux & les plus jeunes d'entre eux; il les offrit en sacrifice aux Dieux s'il est vrai pourtant que les Dieux acceptent de pareilles victimes; après quoi il fit percer tout le reste à coup de fléches, bien qu'il y en eut plusieurs d'entre eux qu'il avoit connus, & qui lui avoient même prêté l'hospitalité en d'autres tems, & ausquels il ne fit pas plus de grace que s'il ne les avoit jamais vus. Mais il ne faut pas s'étonner que des Barbares, que la fortune favorise au-delà de leurs espérances, usent sans égard & sans humanité de leurs succès.

Eumenés *Roi de Pergame* (a) ayant levé des Soudoyés leur avança leur paye, fit encore un présent à chacun d'eux; & leur en promettant d'autres pour l'avenir, il se les attacha, bien au contraire de ce qu'avoit fait Persée. Car celui-ci fut assez mal conseillé pour refuser par un principe d'épargne vingt mille Gaulois qui s'offroient à lui. Mais Eumenés quoiqu'il s'en fallut de beau-

(a) T. Livre. L. 33. c. 30.

coup qu'il ne fut auſſi riche, attiroit par ſes dons tous les ſoldats mercenaires qui pouvoient lui être utiles. C'eſt pourquoi auſſi le premier de ces deux Princes qui avoit ſubſtitué à la magnificence royale une honteuſe Parſimonie, vit paſſer avec ſa couronne, au pouvoir du vainqueur, les richeſſes qu'il avoit amaſſées avec tant de fatigues, & gardées avec tant d'inquiétudes. Au contraire Eumenés qui n'avoit eu que la victoire en vûe, vint à bout non-ſeulement de délivrer ſon Royaume du péril qui le menaçoit; mais encore de ſoumettre à ſa puiſſance la nation entiere des Gaulois.

Antiochus avoit par-devers lui des projets, & des exploits véritablement dignes de ſon rang & de l'admiration publique. Souvent auſſi il ſe laiſſoit voir par des endroits ſi déſavantageux qu'il s'attiroit le mépris de tout le monde. Dans le deſſein qu'il eut de donner des jeux publics, il prit d'abord un parti contraire à celui des autres Rois qui tâchoient alors de fortifier leurs états d'argent & de troupes, en couvrant ces précautions de tout le ſecret dont ils étoient capables, à cauſe de la crainte où l'on étoit alors des Romains. Lui au contraire prenant une route toute opposée, fit annoncer à grand bruit dans toutes les parties du monde une fête publique qu'il préparoit, à laquelle il invitoit les hommes célébres de tous les païs connus; & pour laquelle il para superbement son propre palais. Ayant étalé ainsi ses richesses & ses facultés, il parvint à les faire connoître dans toute leur étendue au peuple Romain.

320.

Dans l'appareil de cette fête, ce Prince surpassa de beaucoup tous ses Prédécesseurs. Mais l'arrangement du jeu, & de la représentation théatrale dans laquelle il entroit lui-même, parut la chose du monde la plus indécente & la plus méprisable : car courant de côté & d'autre sur un petit cheval pour maintenir les rangs par-tout, il faisoit avancer les uns, & arrêter les autres; sans parler de ceux qu'il plaçoit à sa fantaisie: de telle sorte que si quelqu'un lui eut alors ôté son diadême de dessus le front, personne ne l'eut pris, je ne dis pas seulement pour le Roi, mais pour un officier de quelque considération. Durant le repas public qu'il donna à cette occasion, se tenant à l'entrée de la sale, il introduisoit les uns, il faisoit placer les autres, & il mettoit en ordre ceux qui servoient. S'approchant quelquefois d'un des convives, il s'asseyoit ou sur son lit, ou à côté de lui à terre. D'autrefois sortant de sa place & faisant le tour de la table, il prenoit & buvoit lui-même les coupes qu'on adressoit à sa santé, ou bien il portoit d'un côté de la table à l'autre, les plaisanteries qui s'étoient dites. La soirée étant déja fort avancée & plusieurs des convives déja retirés, il se fit apporter & poser à terre couvert d'un linceuil: & un moment après, comme ressuscité par la symphonie, il se leva nud, & se mit à danser au milieu des Mimes qui l'accompagnoient: mais avec tant d'indécence qu'il fit fuir absolument tous les convives hors de la sale du festin. Tous ceux qui avoient assisté à ce repas admiroient les immenses richesses qui avoient servi à décorer la sale, aussi-bien que la puissance du Monarque: mais faisant ensuite refléxion aux déportemens & aux extravagances du Roi même, ils ne comprenoient pas comment le sort avoit pu réunir tant de puissance avec tant de folie, ni tant de vertus avec tant de vices.

lieux voisins de Rome une multitude étonnante de gens de toutes conditions pour assister à sa pompe funébre, & contribuer aux honneurs qu'on lui rendoit.

326. On trouva dans la succession d'Æmilius la mesure de richesses qu'on lui croyoit pendant sa vie. Ayant apporté de l'Espagne dans Rome une immense quantité d'or, ayant trouvé de grands thrésors dans la Macedoine; maître par-tout d'une infinité de choses pretieuses, il avoit été si peu tenté de se les approprier, que ses deux fils qu'il avoit cedés en adoption, se présentant pour recueillir son héritage n'y trouverent de quoi payer la dot de sa femme, qu'en vendant une partie de leurs fonds : de sorte qu'il parut avoir surpassé en désintéressement les plus fameux d'entre les Grecs, Aristide (*a*) & Epaminondas. Car on a dit de ceux-ci qu'ils avoient refusé les présens que les particuliers leur offroient par intérêt pour eux-mêmes : Au lieu qu'Æmilius pouvant puiser

(*a*) Il est parlé du premier au L XI. p. 24. de Rhod. & de cette traduction. T. III. p. 58. & du second au L. 15. p. 355. & suiv. de Rhod. & de cette traduction. Tom. 4. p. 310. & suiv.

sans témoins dans des coffres ouverts, n'en avoit jamais eu la moindre tentation. Celui à qui cette génerosité paroîtroit incroyable doit se persuader qu'il n'y a aucun rapport à faire du désintéressement de nos Ancêtres à la basse cupidité qui regne aujourd'hui parmi nous, & dans laquelle même on accuse les Romains de surpasser tous les hommes de la terre.

Mais nous prendrons occasion du nom du pere, de dire ici quelque chose de l'éducation, & des mœurs de P. Scipion son fils qui dans la suite détruisit Numance (*a*) ; afin que le Lecteur instruit des grands principes d'éducation qu'on lui avoit donnés, ne soit point surpris des grands progrès qu'il fit dans la suite en toute sorte de vertus & en tout genre de merite. P. Scipion fut fils de L. Æmilius qui vainquit Persée, comme nous l'avons déja dit. Mais ayant été donné en adoption à Scipion fils de Publius, qui vainquit Annibal & défit les Carthaginois, il devint par-là le petit-fils de Scipion l'Africain, le premier homme de son siécle. Distingué par une telle origine,

(*a*) Ville de l'Espa- | gne Tarraconnoise.

& chargé de l'honneur & de la gloire d'un nom si illustre, il se montra digne de sa naissance. Il fut initié dès son bas âge dans toutes les sciences de la Grece, & se donnant à la philosophie dès l'âge de dix-huit ans, il eut pour maître Polybe de Megalopolis Auteur d'une histoire grecque. Ayant vécu long-tems avec lui, & formé à toutes les vertus sous un tel maître, il surpassa en sagesse, en vertu, en grandeur d'ame non-seulement toute la jeunesse de son tems, mais les hommes mêmes les plus expérimentés ; quoiqu'avant que s'adonner à la philosophie, il parut avoir l'intelligence un peu dure & l'esprit paresseux, de sorte qu'on n'avoit pas toujours cru qu'il soutint toute la gloire d'une famille si célébre. Mais en entrant dans l'adolescence, il crut d'abord qu'il lui convenoit de se donner la réputation d'homme sage & continent, titre qu'il étoit alors très-difficile d'acquerir & de soutenir. Car c'est une chose étonnante que le penchant de toute la jeunesse de son siécle a toute espéce de débordemens honteux & illicites. Les moindres étoient la dissolution des entretiens,

& des repas. Car comme la guerre Perfique (*a*) avoit duré long-tems, les Romains s'étoient laiffé aller à toute la moleffe & à toutes les débauches des Grecs ; & comme ils avoient acquis en même-tems de grandes richeffes, ils avoient de quoi fatisfaire amplement au défordre de leurs fantaifies & à l'excès de leurs défirs.

Scipion fuivant une route contraire entreprit de combattre toutes fes paffions, qu'il regardoit comme des bêtes farouches dont il étoit environné : de forte que dans l'efpace de cinq ans, il s'étoit acquis la réputation d'une fageffe & d'une continence à toute épreuve. Non content d'un témoignage fi avantageux de ce côté-là, il afpira à la réputation de liberalité & de générofité dans l'ufage de fes richeffes. Il avoit en cette partie un grand modèle dans la perfonne de fon pere Æmilius Scipion, fous les yeux duquel, il s'étoit formé de bonne heure à cette vertu, avant même que la fortune lui eut donné lieu de la porter à un éclat auffi grand que celui où on l'a vûe dans la fuite. Car après la mort

330.

___

(*a*) Je crois que la guerre Perfique fignifie ici la guerre contre Perfée.

d'Æmilia, femme du premier Africain, & sœur de L. Æmilius qui vainquit Persée, Scipion entrant dans la succession de cette femme opulente, eut lieu de donner la premiere preuve de son caractere en cette partie. Sa propre mere Papiria, répudiée depuis long-tems par L. Æmilius, étoit réduite par la modicité de sa fortune à un genre de bien inférieur à la grandeur de sa naissance. Mais Æmilie mere de son pere adoptif, avoit laissé outre beaucoup d'autres richesses, une garde-robe fournie de tous les ornemens convenables à une femme, & accompagnée d'un très-beau choix d'esclaves, comme ayant été femme du grand Africain, & étant entrée en partage de sa fortune. Scipion fit présent à sa mere de toute cette partie de sa succession : de sorte que sa mere ayant paru dans les assemblées publiques des Dames Romaines, revêtue de ces nouveaux ornemens, & accompagnée de tout ce cortege ; les femmes d'abord, & ensuite les hommes vanterent partout l'excellent naturel d'un fils si attentif à tout ce qui pouvoit faire plaisir à sa mere, & lui marquer son attachement & son respect. Cette action qui auroit été grande par tout, l'étoit encore plus à Rome, où personne n'est porté à donner du sien. Outre cela comme il étoit encore dû aux filles du grand Africain une partie considérable de leur dot, quoique selon le droit Romain, une dot ne se payer qu'en d'eux ou trois termes, Scipion présenta à l'une & à l'autre de ces deux femmes toute leur somme à la fois. Quelque tems après L. Æmilius, son véritable pere étant mort, se trouvant institué son héritier, conjointement avec son frere Fabius, il fit encore un acte mémorable de générosité : car sçachant que Fabius n'étoit pas à son aise, il lui céda tout ce qui lui revenoit à lui-même de la part de son pere naturel, & qui ne montoient pas à moins de soixante talents, par où il rendit son frere aussi riche que lui-même. Tout le monde admirant cette action, il en fit une seconde non moins admirable. Fabius ayant eu dessein de donner des Gladiateurs aux funérailles de son pere, & ne pouvant fournir qu'à peine à une si forte dépense, Scipion en partagea tous les frais. Quelque tems après sa mere étant morte, non-seulement il n'accepta point ce qu'elle

332.

lui avoit destiné d'avance, mais il laissa sa succession entiere à ses sœurs, quoique les loix ne leur y donnassent aucun droit. C'est ainsi que Scipion s'attirant de la part de tous les ordres des témoignages continus de désintéressement & de libéralité, se distinguoit moins encore par la grandeur de ses dons que par l'occasion qui les faisoit naître, & par le choix des personnes sur lesquelles il les faisoit tomber. La continence qui a été sa grande vertu ne lui coûta que l'éloignement des objets; & il en recueillit pour fruit une santé à toute épreuve, qui l'ayant accompagné toute sa vie, fut le juste & inestimable prix de sa tempérance & de sa modération. Outre cela, comme la force du corps en toute République, & particulierement à Rome, a passé pour un très-grand avantage, Scipion ne l'avoit point négligé. Le hazard lui présenta même l'occasion de cultiver cette propriété particuliere. Car les Rois de Macedoine ayant été extrêmement adonnés à la chasse, Scipion prit occasion de la guerre qu'il porta chez eux, de les surpasser de beaucoup en cet exercice.

234. Les Romains ayant défait Persée, punirent

punirent de mort une partie de ses adhérans, & envoyerent les autres se justifier à Rome, du reste Charopus (*a*) qui avoit acquis alors tout pouvoir en Epire, parce qu'il tenoit le parti du peuple Romain, n'exerçoit encore que de légeres vexations sur les Epirotes. Mais son audace croissant tous les jours, il jetta enfin ce Royaume dans les dernieres calamités : car employant la calomnie contre les plus riches, il faisoit condamner les uns à l'exil, & les autres au dernier supplice ; après quoi on mettoit à l'encan tous les biens des uns & des autres. Ce n'étoient pas seulement les hommes que l'on poursuivoit : Charopus exigeoit aussi de l'argent des femmes riches, par l'entremise de sa mere Philotis, qui étoit une femme d'une méchanceté extraordinaire. Il livra au jugement du peuple un grand nombre de particuliers qu'on accusoit de n'être pas favorables aux Romains, & que l'on condamna tous à la mort.

Horopherne (*b*) ayant chassé du

___

(*a*) Nommé dans les extraits de Polybe dans M. de Valois même. pp. 126. & 166. c'é- toit un homme qui vendoit sa patrie aux Romains.

(*b*) Ceci se rapporte

Thrône son frere Ariarathés, au lieu de gouverner avec prudence & de s'attirer l'affection des peuples, prit une route toute opposée; & ne songeant qu'à amasser de l'argent, il fit présent de quarante talens à Timothée (*a*), & de soixante & dix au Roi Démetrius, auquel même il en promit encore quatre cents, & peu de tems après six cents autres. S'étant rendu odieux aux Cappadociens par cette conduite, il commença à les dépouiller les uns après les autres, & à s'emparer de tout leur argent. Ayant amassé par cette voie des sommes immenses, il mit en dépôt dans le thrésor de Priene (*b*) pour les besoins à venir quatre cents talens, qui lui furent fidellement rendus dans la suite.

Ptolemée Philometor (*c*) suivi de nombreuses troupes, ayant enfermé Physcon son frere dans l'enceinte d'une petite ville, où il le réduisoit à la derniere extrémité, lui pardonna bientôt, soit par son penchant naturel &

336.

au Fragment 3. du l. 31. tiré de Photius: p. 895. de Rhod. excepté que là, il est nommé Holopherne.

(*a*) Le Timothée de Macedoine, ci-dessus. p. 324. de M. de Valois.

(*b*) Ville de Bithynie ou d'Ionie.

(*c*) Roi d'Egypte.

sa premiere amitié pour lui, soit par la crainte qu'il avoit du peuple Romain. Non-seulement donc il lui pardonna, mais il passa avec lui un traité par lequel il l'obligeoit de se contenter du Royaume de Cyrene & d'une certaine fourniture de blé par an. Ainsi cette guerre entre les deux freres qui avoit commencé par de grandes animosités, & qui les avoit exposés l'un & l'autre à de grands périls, se termina tout d'un coup à l'amiable, & à des conditions également avantageuses de part & d'autre.

Oroferne voyant baisser de jour en jour son autorité & son crédit se hâta de faire distribuer la paye à ses Soudoyés, de peur que le moindre délai n'excitat quelque soulevement parmi eux. Mais se trouvant alors à l'étroit, il s'avisa de piller le temple de Jupiter, bâti au pié du mont d'Ariadne, qui avoit été jusque-là regardé comme inviolable, & dont il tira de quoi satisfaire pleinement ses troupes.

Prusias, Roi de Bithynie, frustré de l'espérance qu'il avoit eue de prendre Attalus Roi de Pergame, commença par détruire le Nicéphorium, placé à l'entrée de cette ville, & il renversa le temple même. Il emporta ensuite les statues & les autres représentations des Dieux immortels, entre lesquelles se trouvoit la fameuse statue d'Æsculape, de la main, dit-on, de Phyromachus, & il finit par l'enlevement de tous les vases sacrés. Il est vrai qu'il fut bien-tôt puni de ce sacrilége : car la plus grande partie de son infanterie périt par le flux de sang. Le châtiment s'étendit même sur son armée navale : car une tempête violente s'étant élevée sur la Propontide, la plûpart des bâtimens furent engloutis avec les soldats & les rameurs, & il ne s'en sauva que très-peu sur le rivage; tel fut le châtiment de l'impiété de Prusias.

338. Les Crétois arrivés à Siphnos (*a*) attaquerent d'abord la ville, & moitié par force, moitié par ruse, ils se trouverent bien-tôt dedans. Quoiqu'ils eussent donné leur parole de ne faire tort à personne, suivant néanmoins l'infidélité ordinaire aux Crétois, ils mirent tous les citoyens en esclavage, & pillant tous les temples de l'Isle, ils s'en revinrent en Crete, chargés de ces dépouilles illégitimes & sacrile-

(*a*) Une des Cyclades.

ges ; mais la Divinité se vengea bientôt d'une semblable profanation, car la crainte qu'ils eurent de leurs ennemis, & de leurs bâtimens beaucoup plus forts que ceux de Crete, les ayant engagés à s'embarquer dès la nuit suivante, ils furent accueillis par une tempête horrible qui précipita la plûpart d'entr'eux dans la mer : d'autres jettés contre les rochers, y périrent misérablement, il ne se sauva de ce naufrage que le petit nombre de ceux qui n'avoient pas trempé dans le sacrilége commis à Siphne.

Philippe (*a*) fils d'Amyntas montant sur le Thrône de Macedoine, soumis alors aux Illyriens, recouvra toute son indépendance par les armes, & par la prudence avec laquelle il en sçavoit user. Il en fit le Royaume le plus indépendant de toute l'Europe, par le soin qu'il prit de traiter favorablement les vaincus. Car ayant défait dans un grand combat les Atheniens, qui lui disputoient l'autorité sur la Grece, il eut très-grande attention à faire ensevelir honorablement tous les

___

(*a*) C'est le pere d'Alexandre le Grand, & celui dont il s'agit dans tout le 16ᵉ. livre de cette histoire tom. 3. de cette traduction.

morts qu'ils avoient laissé étendus sur le champ de bataille, & il renvoya sans rançon dans leur Patrie plus de deux mille d'entr'eux qu'il avoit fait prisonniers de guerre. C'est pour cela que ceux-mêmes qui lui avoient disputé l'empire de la Grece, instruits de la conduite du Roi à l'égard de ses sujets, renoncerent de leur part à cette prétention: & ce Roi obtint ainsi par la seule réputation de sa clémence & du consentement même de ses ennemis, une autorité qu'il n'avoit jamais pu acquérir par sa valeur & par les armes. Dans la suite néanmoins il donna un exemple de sévérité en détruisant la ville d'Olynthe qui étoit extrêmement peuplée. Ce fut dans la même vue que son fils Alexandre, par l'exemple de la ruine de Thebes, détourna les Atheniens & les Lacédémoniens des changemens & des nouveautés qu'ils vouloient introduire dans le gouvernement de la Grece: il exerça tant d'humanité à l'égard des captifs qu'il avoit faits dans la guerre de Perse, que ce fut bien plus par la douceur que par la force qu'il attacha à lui les peuples d'Asie. Les Romains eux-mêmes dans ces derniers tems, ayant

340.

aspiré à l'empire du monde, ont employé d'abord le courage & la valeur; mais c'est par la clémence qu'ils ont exercée à l'égard des vaincus qu'ils doivent leurs plus grands succès. Ils étoient si éloignés d'employer contre eux la rigueur des punitions & des supplices, qu'ils les traitoient plûtôt en amis & en gens ausquels ils avoient de l'obligation. Dans le tems que les vaincus ne s'attendoient eux-mêmes qu'aux plus rigoureux traitemens, les vainqueurs temperoient en quelque sorte leur avantage, en donnant aux uns le titre de citoyens, aux autres la permission de se marier, rendant même la liberté à quelques uns, & n'usant tyranniquement de la victoire à l'égard de personne. C'est pour cela aussi que les Rois, les villes & les nations entieres cherchoient à se mettre sous la protection du peuple Romain. Il est vrai pourtant que parvenus enfin à se voir maîtres du monde entier, ils ont cru devoir affermir leur puissance par l'exemple de la destruction de quelques villes célebres. C'est dans cette vue qu'ils raserent Corinthe dans l'Achaïe, Carthage en Afrique, & Numance en Espagne, qu'ils détruifirent enfin le Royaume de Macedoine, & qu'ils se rendirent formidables à quelques autres nations.

Les Romains se piquent sur toutes choses de ne déclarer que des guerres justes, & de s'y conduire avec beaucoup de sagesse & de prudence.

342. P. Scipion qui fut depuis surnommé l'Africain, & qui étoit alors Tribun militaire s'écartant de l'exemple de ceux qui s'engageoient par des sermens qu'ils ne tenoient point, & qui comptoient pour rien une parole donnée, fut au contraire toujours fidelle à la sienne, & prit un soin extrême de tous ceux qui se livrerent entre ses mains. Ainsi la réputation de son équité & de sa fidélité s'étant répandue dans toute la Libye; aucune ville assiégée ne vouloit accepter de traité que Scipion n'eut signé lui-même les articles de la capitulation.

Trois Romains seulement ayant été tués dans une bataille, & étant demeurés sans sépulture, tous les autres prirent part à cette perte & sur-tout à à la privation où ils étoient encore des honneurs funebres. Mais Scipion avec la permission du Consul écrivit à Asdrubal une lettre par laquelle il l'invitoit à faire ensevelir ces trois morts. Asdrubal s'étant rendu sur le champ à cette invitation, & ayant fait enveloper ces trois hommes dans des draps mortuaires, les envoye aussi-tôt au Consul. Scipion recueillit une grande gloire de ce procedé du Général Carthaginois, comme ayant un très-grand crédit sur l'esprit même des ennemis de Rome.

Le faux Philippe (*a*) ayant vaincu les Romains dans un grand combat, se laissa aller à l'insolence & à la cruauté la plus tyrannique, & il faisoit mourir sur la fausse imputation des crimes les plus atroces, les plus fidelles de ses amis. Il étoit de son naturel cruel & barbare, d'un orgueil insoutenable dans son abord, & il se souilla dans la suite de tous les crimes que peuvent inspirer la cupidité & la vengeance.

Le peuple Romain étoit porté d'une telle affection pour P. Sci-

___

(*a*) C'est apparemment le Pseudo Philippe, dont il est parlé dans Florus. l. 2 c. 14. & mieux encore dans le 4. Fragment tiré de George Syncelle, sur les Rois de Macedoine. vol. 2. p. 353. de cette traduction. Ce Pseudo-Philippus, fils d'un Foulon se disoit fils de Persée.

pion, que tout le monde le nommoit Conful par un fuffrage public avant l'âge & contre les loix.

Le Conful L. Calpurnius Pifon ayant pris quelques villes par compofition, ne tint à aucune la parole qu'il leur avoit donnée; c'eft pour cela auffi que dans la fuite les Dieux parurent s'oppofer à toutes fes entreprifes, & qu'il forma une infinité de projets dont aucun ne put réuffir.... Le Roi Prufias étant laid de vifage, & d'une corporance molle & efféminée, n'étoit point aimé des Bithyniens fes fujets.

P. Scipion ayant pris Carthage, permit aux envoyés Siciliens qui fe trouvoient dans fon armée, de reporter dans leur Patrie tous les ornemens & toutes les dépouilles qu'ils reconnoîtroient leur appartenir. On retrouva en effet dans cette ville plufieurs ftatues ou autres figures prétieufes qui avoient été apportées-là, plufieurs offrandes, les unes d'or, les autres d'argent, faites aux Dieux, qu'ils reconnurent avoir été prifes chez eux. Mais furtout le fameux Taureau d'Agrigente, qui ayant été commandé à Perilas par le tyran Phalaris, fut éprouvé d'abord sur l'ouvrier même, qui y rendit le premier les mugissemens d'un Taureau (*a*) que les cris humains devoient contrefaire.

Environ cent ans depuis & de nos (*b*) jours, C. Julius Cæsar, qui par la grandeur de ses actions a été surnommé Divus, ayant vû les ruines & les décombres de Corinthe, touché de compassion & en même tems piqué de gloire, conçut aussi-tôt le dessein de la rétablir. C'est par ce principe de bonté qu'il s'est le plus distingué, qu'il mérite les plus grandes louanges, & que sa vertu s'est acquis une place mémorable dans toutes les annales de la terre. Car au lieu que ses prédécesseurs en avoient usé à l'égard de cette ville avec la derniere rigueur ; Cæsar préférant toujours la clémence à la sévérité, a extrêmement adouci son sort : ce qui est d'autant plus avantageux à cette ville qu'elle se trouve avoir pour bien-faicteur celui qui d'ailleurs a surpassé tous les hommes de la terre en mérite & en réputation, &

(*a*) Ciceron offic. l. 2. rapporte que le Tyran y fut enfin jetté & brulé lui-même.

(*b*) Correction de M. de Valois sur le Grec qui porte *anciennement*.

qui a été le plus distingué par la grandeur de sa naissance, par le talent de la parole, par la science de la guerre, en tout genre, enfin de talent & de mérite, de sorte qu'il passera toujours pour avoir été le plus grand des Romains.

346.

Le chef des voleurs (*a*) Viriathus, Lusitanien (*b*) d'origine, étoit extrêmement équitable dans la distribution du pillage qu'il avoit fait sur les ennemis, & il donnoit à chacun de ses gens ce qu'il avoit mérité à proportion des preuves de valeur qu'il avoit faites dans les rencontres où l'on s'étoit trouvé; sans toucher jamais à ce qui étoit réservé pour le thrésor de la nation entiere. C'est ce qui faisoit aussi que les Portugais s'exposoient sous lui aux plus grands périls, comme combattans eux-mêmes pour le défenseur Général de leur Patrie.

Plautius, Tribun à six faisceaux, remplit très-mal sa fonction; c'est pourquoi se voyant décrié dans sa Patrie, où il sembloit avoir avili le comman-

(*a*) ληςταρχος dans le Grec. Celui dont il a été déjà parlé dans les Fragmens tirés de Photius. l. 32. Fragm. 5. p. 900. de Rhod.
(*b*) La Lusitanie est aujourd'hui le Portugal.

dement, il prit le parti de sortir de Rome.

Alexandre (*a*), Roi de Syrie, incapable par sa paresse naturelle de gouverner un si grand Etat, abandonna le gouvernement d'Antioche à Jérax & à Diodore.

La puissance des Rois de Syrie (*b*) étant extrêmement déchue, Démétrius (*c*), presque le seul resté du sang Royal, se croyant à l'abri de tout prétendant, abandonna les traces de ses ancêtres qui avoient tâché de s'attirer la bien-veillance des peuples par la douceur de leur gouvernement. Ainsi accablant tous les jours ses sujets de nouveaux impôts, il passa enfin à la tyrannie la plus déclarée, & aux cruautés les plus atroces. La source de cette conduite étoit non-seulement son caractere pervers, mais encore le ministre qu'il s'étoit choisi : car celui-ci, homme impie & très-injuste de son naturel, étoit très-capable de pousser un

---

(*a*) Alexandre Bala, que Ptolemée & Attalus opposoient comme fils d'Antiochus Epiphanès à Démétrius, Roi de Syrie. M. de Valois.

(*b*) Le texte parle des Rois d'Egypte, & selon M. de Valois, la même chose peut se dire des deux Royaumes, depuis que Ptolemée Physcon étoit Roi d'Egypte.

(*c*) Démétrius Nicanor, fils de Démétrius Soter.

jeune Prince à des actions honteuses & barbares. Ainsi il faisoit passer par les supplices les plus cruels tous ceux qui à la guerre s'étoient trouvés d'un parti contraire au sien. Apprenant ensuite que les habitans d'Antioche, suivant une coutume déja ancienne chez eux, se permettoient quelques plaisanteries sur son sujet, il leur donna une garnison étrangere, & leur fit demander leurs armes: ce qui ayant excité du tumulte, on en vint bientôt à la force ouverte. Les premiers oppofans furent tués dans les rues; mais on poursuivit les autres dans leurs maisons, où l'on égorgea après eux leurs femmes & leurs enfans. A la vue de cette exécution toute la ville étant tombée dans une émotion extraordinaire, il fit mettre le feu à la plus grande partie des maisons, & condamnant à la mort la plûpart de ceux qui lui avoient résisté, il confisqua leurs biens. Ainsi presque tous les citoyens d'Antioche prenant la fuite par la haine ou par la crainte du tyran, remplirent toute la Syrie de vagabonds & de misérables, qui attendoient néanmoins le moment favorable à leur vengeance. Cependant Démétrius poursuivant ses exécutions & ses rapines parvint bientôt à surpasser la cruauté même de son pere. Car celui-ci très-méchant homme, avoit exercé de très-grandes vexations à l'égard de ses sujets, de sorte que tous les Rois de cette branche étoient horriblement haïs, au lieu que ceux de l'autre s'étoient fait aimer de leurs peuples. Il arriva de-là que se déclarant ennemis les uns des autres, la Syrie devenoit un théatre de guerres continuelles, & que flattée même par les caresses des prétendans ou des nouveaux Rois, elle se plaisoit à ces changemens continuels.

Les Aradiens (*a*) animés par quelques mauvais conseils, maltraiterent des Envoyés qui leur venoient de Marathus. Ceux-ci se plaignant de cette indignité, & attestant même les droits sacrés des Ambassadeurs furent égorgés par de jeunes gens plus furieux encore que le reste de cette populace: Après quoi imaginant une trahison beaucoup plus noire contre les habitans de Marathus, ils ôterent les an-

---

(*a*) Aradus étoit une Isle à sept ou huit stades de la Phœnicie, & Marathus étoit une ville de la Phœnicie même.

neaux des doigts des Ambassadeurs qu'ils venoient de tuer, & en cacherent des lettres dans lesquelles ils mandoient aux habitans de Marathus que les Aradiens leur enverroient incessamment du secours. Leur dessein dans cette fraude étoit que ces soldats reçûs comme amis à Marathus se rendissent maîtres de cette ville trompée. Mais ce mauvais dessein ne réussit pas.

350. Car quoique les Aradiens eussent ôté à tous les insulaires les barques particulieres qu'ils pouvoient avoir, de peur qu'aucun d'eux n'avertit ceux de Marathus du mauvais dessein qu'on formoit contr'eux ; un Aradien pourtant eut la hardiesse de traverser à la nage un bras de mer de huit stades, pour aller avertir les habitans de Marathus ausquels il s'intéressoit, du mauvais dessein qu'on formoit contre eux. Les Aradiens bientôt instruits de cette entreprise courageuse, & de la révélation de leurs projets frauduleux & injustes n'envoyerent pas leurs fausses lettres. Mais *on sçait par Strabon L. 16. qu'ils se saisirent de la ville de Marathus, & qu'ils en partagerent entr'eux le territoire. C'est une note de M. Valois sur cet endroit. p. 55. de ses remarques.*

Ptolemée Physcon frere de Philometor commença son regne par les plus grands crimes. Il fit subir les plus cruels supplices à beaucoup de gens qu'il accusoit faussement d'avoir attenté à sa vie ; & il se contentoit d'en bannir d'autres, après leur avoir enlevé leurs biens sur des accusations moins capitales. Sous l'un ou sous l'autre prétexte, il s'attira l'indignation universelle de ses sujets, & ne laissa pas de regner pendant quinze (*a*) ans.

Viriathus (*b*) voyant qu'on avoit amassé pour la cérémonie de ses nôces un grand nombre de vases d'or & d'argent, & des tapis tissus avec un grand art, prenoit toutes ces pieces les unes après les autres au bout de sa lance, pour marquer non l'estime, mais le mépris qu'il en faisoit. Après avoir dit même à ce sujet plusieurs choses très-sensées, il les termina par cette maxime très-vraye (*a*)..... Il marquoit d'abord par-là qu'il y avoit bien de l'imprudence à s'appuyer sur les biens de la fortune qui sont par eux-

---

(*a*) Il en regna même 29. ans, mais il passa les dernieres années en Chypre. M. de Valois.

b) Ci-dessus p. 346. de Mr. de Valois.
(*c*) Indice d'une lacune.

mêmes si incertains & si casuels. Il vouloit indiquer ensuite que le possesseur de tous ces biens, étoit véritablement sujet à celui qui portoit une lance comme la sienne ; & qu'ainsi tous ces présens de nôces que lui faisoit son beau pere appartenoient d'avance à ses armes. Du reste Viriathus ne prit point le bain avant le repas & ne se plaça point à table, quelques prieres qu'on lui en fit. Il distribua entre ceux qui l'accompagnoient les mets exquis dont le repas étoit composé : après quoi ayant mangé lui-même quelques morceaux, il se fit amener sa femme, & ayant fait avec elle un sacrifice aux Dieux suivant les cérémonies du pays, il la mit lui-même à cheval, & la conduisit dans des tentes militaires déja dressées par son ordre sur quelques montagnes voisines. Il disoit que la sobrieté étoit la plus grande des richesses, que la Patrie ne consistoit que dans la liberté, & la possession, dans le courage. Il étoit d'ailleurs d'une fidelité parfaite dans les traités ou conventions ; & l'on ne voyoit rien en lui qui sentit l'art & les détours que la politique inspire quelquefois à ceux qui l'ont étudiée.

352.

Démetrius (a) demeurant toujours à Laodicée y passoit tout son tems dans les festins, dans le luxe & dans l'oisiveté ; & ne laissoit pas d'affliger encore ses sujets par différentes sortes d'injustices, sans s'être rendu plus sage par ses propres infortunes.

Les Cnossiens prétendoient toujours à la principauté de l'Isle de Créte, soit par l'ancien éclat de leur ville, soit par la réputation que leurs Ancêtres s'étoient acquise dès les tems héroïques. En effet on dit que Jupiter avoit été élevé là, & que Minos, qui a eu le premier l'Empire de la mer avoit été formé par Jupiter même, ce qui l'avoit rendu un des premiers hommes du monde.

Le Roi d'Egypte Ptolemée Physcon se rendoit tous les jours plus odieux à ses sujets, d'autant plus qu'on faisoit une comparaison continuelle, & désavantageuse pour lui du caractere de son frere Philometor avec le sien. Au lieu que celui-ci par exemple étoit d'un naturel extrêmément doux ; Physcon portoit la sévérité jusqu'à la barbarie : C'est ce qui faisoit aussi que

(a) Roi de Syrie ci-dessus. p. 346. de Mr. de Valois.

le peuple qui aspire de lui même au changement, n'épioit qu'une occasion favorable pour remettre l'aîné à la place de son cadet. Dans le tems que Ptolemée, suivant l'ancienne coutume des Rois d'Egypte faisoit faire sur lui à Memphis les cérémonies de l'inauguration, la Reine Cleopatre lui donna un fils. La joye qu'il eut de sa naissance, & dans ce tems & dans cette ville, le lui fit nommer Memphitis. Mais dans la solemnité même de cette fête ; la cruauté qui ne le quittoit point, le porta à faire égorger un certain nombre de Cyrenéens, qui l'avoient ramené de leur province en Egypte ; parce qu'il leur étoit échapé quelques railleries au sujet de sa courtisane Irene.

354.

Diegylis (*a*) Roi des Thraces monté sur le throne, & ennyvré de ses différens succès ne regarda plus ses sujets comme ses amis & ses compagnons d'armes ; & les traitant au contraire comme des esclaves achetés ou pris en guerre, il fit mourir d'abord avec la derniere injustice plusieurs des plus braves & des mieux faits d'entre les Thraces, & se contenta de faire aux

(*a*) On trouvera quelques particularités sur son sujet p. 55. des Rem. de Mr. de Valois.

autres des affronts insignes. Il n'y avoit ni femme ni jeune homme qui fut à l'abri de ses attaques, non plus qu'aucun thrésor qui échappat à son avidité. Il alloit même souvent piller quelques villes grecques de son voisinage où il faisoit périr par des supplices recherchez, ceux qui tomboient entre ses mains. S'étant saisi de Lysimachie, qui appartenoit à Attalus, il y mit le feu, & y fit périr par des supplices extraordinaires les habitans les plus considérables. Coupant les piés, les mains & les têtes des enfans, il en formoit des colliers qu'il faisoit porter à leurs parens. Il donnoit aux hommes des bras de femmes & aux femmes des bras d'hommes. Après avoir ainsi mutilé les uns ou les autres, il leur faisoit couper en longueur l'épine (*a*) du dos, après quoi l'on exposoit leurs membres sur de hautes perches. En un mot il surpassa en cruauté Phalaris même & Apollodore (*b*) tyran de Cassandrée. Mais

(*a*) Ces sortes de traits rendent l'histoire ancienne véritablement odieuse. L'adoucissement des mœurs est un fruit bien plus avantageux encore des progrès de l'esprit humain par le bénéfice du tems, que la perfection des ouvrages: si ce n'est que les bons ouvrages contribuent eux-mêmes à adoucir les mœurs.

(*b*) Nommé ci-devant p. 264. de Mr. de Valois.

pour supprimer tout le reste, on peut juger de sa barbarie par un seul trait. Dans le tems de ses nôces, on lui amena deux jeunes Grecs qu'on avoit pris. C'étoient deux freres nez dans le Royaume d'Attalus, tous deux d'une beauté parfaite; l'un déja dans la fleur de sa jeunesse, & l'autre prêt d'y entrer. Diegylis les fit mettre tous deux en longues robes de victimes. Ayant fait ensuite étendre le plus jeune comme pour recevoir le coup de la mort, par ses satellites, en disant qu'il falloit aux Rois de semblables victimes : l'aîné des deux se présenta, & se coucha sur son frere pour le sauver. Le tyran d'un seul coup de sabre les coupa tous deux par la moitié du corps en cherchant des yeux des applaudissemens à son adresse; il les trouva en effet de la part de cette compagnie barbare. Sa vie est pleine de semblables actions.

Attalus (*a*) qui savoit à quel point Diegylis s'étoit rendu odieux à ses sujets par son avarice & par ses cruautés prit une route opposée; & comme il renvoyoit généreusement dans la Thrace

___

(*a*) Attalus Roi d'A- | Pergame.
sie & proprement de

plusieurs de ceux qu'il avoit fait prisonniers de guerre, il s'en fit autant de Panegyristes qui portoient au loin la réputation de ses vertus. D'un autre côté la haine qu'on avoit pour Diegylis donnant lieu aux principaux d'entre les Thraces de passer dans les états d'Attalus où ils étoient reçus favorablement ; le tyran fit périr dans les tourmens les plus cruels, les malheureux qui se trouvoient en quelque sorte les ôtages des Absens. Plusieurs n'étoient encore que des enfans auxquels on arrachoit les membres, ou on coupoit la tête. On pendoit les uns à des croix & les autres à des arbres. Plusieurs de ces femmes qui ont des marques empreintes sur le corps, ce qui chez les Thraces étoit un signe de noblesse, étoient prostituées à la soldatesque, avant que d'être menées au supplice : ce qui excitoit la compassion dans l'ame de tous ceux à qui il restoit quelque sentiment d'humanité.

358.

Pompée (*a*) assiegeant en Espagne

___

(*a*) Ce Pompée est Q. Pompeius Consul l'an de Rome 612, & qui ayant eu pour département la Celtiberie Tarraconnoise en Espagne, fut battu par ceux de Numance. M. de Valois. p 56. de ses remarques. En quoi pourtant, ils s'écarte de Sigonius, qui sous l'an 612. de

une ville appellée *Lagni* ; les Numantins jaloux de secourir leurs voisins leur envoyerent de nuit quatre cents hommes, qu'on reçut avec de grandes marques de reconnoissance, & auxquels on fit des présens considérables. Mais quelques jours après se voyant pressés, ils ne laisserent pas de livrer leur ville aux assiegeans, sous la seule condition d'avoir la vie sauve. Pompée leur donna pour réponse qu'ils n'avoient point de quartier à espérer de lui, s'ils ne lui livroient les Numantins qui étoient venus à leur secours; ils refuserent pendant quelques jours de commettre une pareille trahison à l'égard de leurs bienfaiteurs. Mais enfin serrés de près par les assiegeans, ils envoyerent dire à Pompée qu'ils étoient disposés à lui ceder pour leur délivrance ceux qu'il lui demandoit. Les Numantins, ayant eu avis de cette convention, se jetterent eux-mêmes dès la nuit suivante sur les habitans de Lagni & en firent un grand carnage. Pompée instruit de ce tumulte, fit

Rome, donne pour Consuls P. Scipion & D. Brutus. V. la Chronologie de Sigonius dans le T. Live d'Amsterdam. 1679. Cependant nous sommes ici, suivant la datte de Mr. de Valois, à l'an 612 de Rome, & par conséquent à 147. ans avant l'Ere Chrétienne.

appliquer

appliquer aussi-tôt les échelles aux murailles, & emporta la ville d'emblée. Il en fit passer tous les habitans au fil de l'épée, & renvoya favorablement les Numantins auxiliaires qui se trouverent là au nombre d'environ deux cents : soit qu'il eut pitié de ces hommes que leur fidelité pour leurs Alliés avoit exposés aux derniers périls, soit qu'il voulut attirer de loin ceux de Numance à l'amitié du peuple Romain.

Arsace Roi des Parthes, toujours porté à la clemence & à la douceur, a joui d'une fortune constante, & il étendit prodigieusement les bornes de son Empire. Car passant jusqu'aux Indes, il se vit possesseur tranquille de tout le pays où Porus avoit regné. Du reste un si grand succès ne le jetta ni dans l'orgueil ni dans le luxe, double écueil dont la plufpart des Princes ont bien de la peine à se garantir. Mais celui-ci fut aussi doux envers ses sujets que brave en presence de ses ennemis. Enfin après avoir soumis bien des nations à son Empire, il rapporta chez les Parthes les loix les plus judicieuses qu'il eut pu recueillir parmi tant de peuples différens.

Les Portugais firent au corps de Viriathus (*a*) des obséques singulieres & magnifiques. En mémoire de sa valeur, ils firent combattre deux cents couples de Gladiateurs sur sa tombe. Tous les Historiens conviennent qu'il a été très-courageux dans les périls, & très-attentif à prévoir tout ce qui pouvoit arriver. Mais de plus, ce qui est la grande partie d'un général, il se faisoit extrêmement aimer de ses troupes. Dans le partage des dépouilles, il ne se reservoit rien de plus que les autres, & sa part ne lui servoit qu'à récompenser les plus vaillans, ou à soulager les plus pauvres d'entre ses soldats. Il étoit d'ailleurs d'une sobrieté & d'une vigilance incroyable, toujours prêt à partager lui-même tout travail & à affronter tout péril, & sur-tout inaccessible à toute espece de volupté. Les preuves de sa vertu sont manifestes, en ce que pendant les onze ans qu'il a gouverné les Portugais, non-seulement il n'y a eu aucune querelle entr'eux, mais ils ont été toujours invincibles: au lieu qu'à la mort

---

(*a*) V. Ci-dessus la Valois. page 150. de x. de l

d'un tel chef elles se dissiperent d'elles-mêmes en peu de tems.

Le Roi d'Egypte Ptolemée continuoit de se faire haïr par sa cruauté, par ses meurtres, par ses passions honteuses, & même par la difformité de son corps qui le fit surnommer Physcon (*a*). C'étoit le Général Hierax grand capitaine, homme d'ailleurs d'un abord aisé, quoique doué d'une ame élevée & courageuse qui soutenoit le thrône. Il arriva que le Roi étant dans le besoin, & les troupes prêtes à se donner à Galestés; ce fut Hierax qui les payant de son propre fond, arrêta la révolte & le tumulte. Les vices qui attiroient le plus de mépris à Ptolemée, étoient la puerilité de ses discours, sa passion pour la plus honteuse débauche, & une constitution absolument ruinée par les plaisirs.

Le Consul M. Æmilius (*b*), étoit d'une épaisseur de corps si énorme, qu'elle le rendoit incapable d'aller à la guerre.

362.

(*a*) C'est-à-dire gras, ventru.
(*b*) Il fut surnommé Porcina par cette raison même.

LIVRE XXXIV.

IL arriva en ce tems-là en Sicile une révolte (a) d'esclaves la plus terrible qui se soit jamais excitée. Elle jetta dans les dernieres calamités un grand nombre de personnes de l'un & de l'autre sexe & des familles entieres. Toute l'Isle courut risque de tomber entre les mains de ces rébelles, qui s'étoient proposé pour but de jetter leurs maîtres dans les derniers malheurs. Cette rébellion parut subite & inattendue à quelques-uns. Mais ceux qui étoient capables de voir les évenemens dans leurs causes, n'y trouverent rien à quoi l'on ne dut s'attendre. L'abondance prodigieuse de tous les fruits de la terre dans cette Isle en avoit extrêmement enrichi les habitans, & la jouissance de tous les biens de la vie, après les avoir rendus voluptueux, les rendit bientôt fiers & injustes à l'égard de ceux qui leur étoient soumis. Ainsi la dureté des maîtres, & le mécontentement des esclaves croissant en-

(a) C'est celle dont il est parlé dans les fragmens du même L. 34. tirés de Photius. art. 4. ci-devant. p. 903. de Rhod.

semble, la vengeance ouverte & publique éclata aussi tout d'un coup : & sans aucune autre déclaration de guerre, des milliers d'esclaves se trouverent assemblés pour exterminer leurs maîtres. Une révolte semblable parut en même-tems en Asie, car Aristonicus s'étant emparé du thrône sans aucun titre, les esclaves maltraités & mécontens s'attacherent à lui, & jetterent plusieurs villes & plusieurs provinces de cette contrée en de grandes calamités.

Mais pour revenir à la Sicile, ceux qui y possedoient des terres, achetoient des bandes entieres d'esclaves pour les labourer. Quelques-uns de ces esclaves avoient toujours les fers aux piés; les maîtres imprimoient leurs marques sur des familles entieres de ces malheureux, & ils exigeoient d'eux plus de travaux qu'ils n'en pouvoient faire. Du reste on avoit inondé la Sicile d'un si grand nombre de ces esclaves, que le nombre en étoit devenu incroyable: car en ce tems-là le luxe de cette Isle étoit monté à un tel point, qu'elle disputoit avec l'Italie même d'orgueil, d'avarice & de méchanceté. En effet plusieurs Italiens

364.

qui avoient à eux un trop grand nombre d'esclaves, pour leur fournir absolument leur nécessaire, leur permettoient le vol & le brigandage. Cette licence donnée à des hommes de cette espece qui se sentoient une force de corps capable des entreprises les plus vigoureuses, beaucoup de loisir; & qui d'ailleurs ne trouvoient pas chez leurs maîtres tout ce qu'il leur falloit pour leur subsistance, se jugerent capables des entreprises les plus violentes & les plus hardies. Ils se mirent d'abord à égorger sur les grands chemins ceux qu'ils rencontroienr seuls, ou qui n'étoient que deux ensemble. Ils entroient de nuit dans les granges des paysans à la campagne, où ils tuoient tous ceux qui entreprenoient de s'opposer au pillage qu'ils y vouloient faire. Leur audace croissant tous les jours, il n'y avoit plus de sureté sur les grands chemins pour les passans, & les possesseurs des terres étoient poursuivis jusques dans leurs maisons où ils ne trouvoient pas même un azile sûr. En un mot tout se remplissoit de brigandages, de vols & de meurtres. Les Pasteurs esclaves s'armant sous ce prétexte comme des soldats, & accoutumés à coucher en pleine campagne y campoient alors ; & se donnoient l'air & l'audace militaire. Armés de massües, de lances & de forts bâtons, & couverts d'ailleurs de peaux de loups ou de sangliers, ils avoient de loin une figure non-seulement guerriere, mais effrayante. Toujours environnés de chiens de la plus haute taille, se gorgeant continuellement de lait, de viande, & de toute espece d'alimens, ils étoient devenus eux-mêmes des especes d'animaux. L'Isle entiere étoit pleine de ces bandes d'esclaves dispersées, qui en quelque sorte sembloient être soutenues dans leur revolte par leurs propres maîtres. Les Preteurs faisoient bien leurs efforts pour reprimer cette audace des esclaves : mais n'osant pas en faire un châtiment aussi rigoureux & aussi général que l'auroit exigé le crime, par la crainte qu'on avoit des maîtres, on étoit obligé de tolerer une grande partie de ce désordre. En effet la plûpart de ces maîtres étoient des Chevaliers Romains, devant lesquels les Prêteurs & les Proconsuls des provinces étoient cités pour rendre compte de leur administration, & dont ils ne vouloient pas se faire des ennemis.

366.

Les Italiens qui possedoient de grandes terres dans la Sicile, y achetoient un grand nombre d'esclaves qu'ils faisoient tous marquer sur le visage, ausquels ils ne fournissoient pas la quantité d'alimens qui leur étoit nécessaire, & qu'ils accabloient d'ouvrages.

Il y avoit un certain Damophile (a) de la ville d'Enna dans le milieu de la Sicile, homme riche & arrogant, qui possédant une terre fort étendue, & un grand nombre de troupeaux, voulut imiter par le luxe de sa maison, & par sa dureté à l'égard de ses esclaves, les manieres des Italiens établis dans cette Isle. Il étoit fourni d'un grand nombre de beaux chevaux, & de chars à quatre roües dans lesquels on le traînoit environné de ces mêmes esclaves, comme un Général d'armée de ses officiers : il se faisoit suivre par une compagnie de jeunes gens ses flateurs & ses parasites. Il avoit à diverses distances dans la campagne des maisons fournies de meubles superbes dans les appartemens, & d'une vaisselle d'argent parfaitement bien travaillée

---

(a) Ce même article se trouve dans les fragmens de Photius déja cités.

pour sa table. Les repas qu'il donnoit répondoient à la magnificence du lieu, & il paroissoit surpasser en tout le luxe des Perses ; aussi son arrogance égaloit-elle ses richesses. C'étoit un homme grossier & sans aucune sorte d'éducation. Ses grands biens lui ayant inspiré de bonne heure une grande licence de discours & de mœurs, il avoit passé de la satiété à l'insolence, & s'attirant d'abord à lui-même de grands malheurs, il jetta enfin sa patrie dans les plus grandes calamités. Il s'étoit fourni d'un très-grand nombre d'Esclaves, d'entre ceux qui étant nés libres dans leur Patrie, ne se trouvoient dans les fers que par le malheur des guerres, où ils avoient été pris. Cependant il faisoit travailler ceux-là mêmes les fers aux piés ; & envoyant les autres à la garde des troupeaux à la campagne, il ne leur fournissoit ni les vêtemens, ni la nourriture qu'il leur falloit.

368.

Par-dessus tout cela (*a*), il ne se passoit aucun jour qu'il ne fit maltraiter ces

---

(*a*). Il paroit ici que l'Emperur Constantin, en faisant les mêmes extraits que Photius, les a plus ornés de son stile que le Patriarche qui l'avoit précédé.

N v

malheureux à coups de verges, sans qu'ils eussent fait aucune faute, tant il étoit déraisonnable & féroce. Sa femme Megallis aussi méchante que lui, traîtoit avec la même cruauté ses esclaves filles. Enfin les uns & les autres outrés de cet excès de fureur, & jugeant qu'il ne leur pouvoit rien arriver de plus funeste que leur état présent, se souleverent de concert & tous à la fois contre leurs tyrans & leurs bourreaux.

Damophile avoit une fille très-jeune encore, d'une douceur & d'une bonté singuliere. Cette fille prenoit un soin très-particulier des malheureux esclaves que son pere & sa mere avoit maltraités; elle leur portoit en secret de la nourriture ou d'autres soulagemens: & elles s'étoit rendue par-là extrêmement chere & respectable à tous ces infortunés. Aussi dans le revers de fortune qui arriva bientôt après, elle fut protegée & défendue par tous ceux qui lui avoient de l'obligation; & non-seulement aucun des esclaves révoltés ne mit la main sur elle, mais ils se rendirent tous les défenseurs de sa personne; & ils choisirent le plus considérable d'entre eux, nommé Hermias, pour la conduire bien accompagnée dans un lieu de sureté à Catane.

Quand Eunus (*a*) eut été déclaré Roi par les esclaves révoltés, il fit périr un grand nombre de gens; & il n'épargnoit que ceux qui avoient paru se rendre aux prestiges qu'il faisoit dans les repas où son maître Antigêne le menoit pour divertir les convives, & qui lui avoient donné sa part des mets de la table. On étoit fort étonné de voir un esclave devenu Roi, & l'on admiroit que des hommes réduits à la plus basse des conditions humaines, eussent pu donner si-tôt une si grande récompense à leur bien-faicteur.

370.

Il arriva une autre révolte d'Esclaves dans le même tems. Un certain Cléon (*b*) de Cilicie, né auprès du mont Taurus, & accoutumé au brigandage dès son enfance, ayant été préposé à un Haras de chevaux dans la Sicile, ne cessoit de barrer les grands chemins, & d'y commettre des meurtres. Informé de la fortune

(*a*) Eunus est nommé aussi dans le Fragment de Photius déja cité. v. p. 904. de Rhod.
(*a*) Cleon est aussi nommé dans le même Fragment du l. 34. art. 2. tiré de Photius. p. 905. de Rhod.

qu'avoit faite Eunus & ses associés, il sollicita à la révolte quelques Esclaves de son voisinage, & s'échapant de concert avec eux, il se mit à ravager tous les environs de la ville d'Agrigente.

En Asie le Roi Attalus (*a*) montant sur le trône prit une route toute opposée à celle des Rois ses prédécesseurs: car au lieu que ceux-ci, pleins de bonté & d'humanité envers leurs sujets s'étoient rendus heureux eux-mêmes; celui-ci cruel & sanguinaire remplit son regne de calamités & de meurtres. Prenant des soupçons injustes contre les amis de son pere, qu'il jugeoit mal intentionnés pour lui, il résolut de se défaire de tous. Dans cette vue il choisit les plus féroces d'entre ses Soudoyés, & ceux qu'il crut en même tems les plus intéressés & les plus avides; & il les cacha en divers passages de son palais, après quoi il manda ceux de ses courtisans qui lui étoient suspects, & les fit égorger tous par ces assassins; mais de plus il envoya

---

(*a*) Cet Attalus surnommé Philometor, a été le dernier Roi de Pergame. Son regne avoit commencé l'an de Rome 616. & il finit en 620. M. de Valois p. 57. de ses remarques.

massacrer ensuite dans leurs maisons mêmes, leurs femmes & leurs enfans. A l'égard des autres courtisans ou Officiers qui étoient actuellement ou dans ses armées, ou dans les Provinces de son Royaume, il fit périr les uns en secret & les autres au milieu de leurs familles & avec elles. S'étant rendu odieux par ces cruautés non-seulement à ses sujets, mais à tous ses voisins, il révolta contre lui les uns & les autres, & fit naître à tout le monde l'idée d'un gouvernement nouveau.

Tiberius Gracchus étoit fils de Tiberius qui avoit été deux fois Consul, excellent homme dans le Sénat & à la guerre, & petit-fils par sa mere de P. Scipion, qui avoit vaincu Annibal & les Carthaginois. Très noble de pere & de mere, il surpassoit tous ses contemporains en prudence, en éloquence, & par le gout de tous les beaux arts, de telle sorte qu'il redoutoit peu ceux qui lui étoient contraires.

Les Syriens fugitifs coupoient non-seulement les mains, mais les bras tout entiers à ceux qu'ils rencontroient dans leurs courses.

Le Sénat craignant la vengence des

Dieux, après avoir consulté les livres des Sibylles, crut devoir envoyer en Sicile des députés du college des Décemvirs. Ceux-ci parcourant l'Isle entiere, consacrerent avec beaucoup de cérémonies & de sacrifices des autels au Jupiter du mont Ætna; après quoi environnant son temple d'un mur, ils en interdirent l'entrée à tout le monde, à l'exception de ceux qui par le droit & suivant la coutume de leurs ancêtres, venoient de la part de certaines villes sacrifier sur ces autels.

Gorgus de Morgance en Sicile, surnommé Cambalus, étoit un homme distingué par ses richesses & par sa réputation. Surpris par des voleurs lorsqu'il étoit à la chasse, il s'échapa & s'enfuyoit à pié vers la ville. Son pere à cheval le rencontra, & se jettant aussi-tôt à terre, il exhortoit son fils à se servir de ce cheval pour se sauver. Le fils ne voulut point préférer sa vie à celle de son pere, & le pere de son côté protestoit qu'il ne vouloit plus vivre après la mort de son fils. Pendant ce combat de générosité où ils employoient l'un à l'égard de l'autre les instances & les larmes, les voleurs eurent le tems de les joindre;

& les égorgerent tous deux.

Zibelmius, fils de Diegylis (a), marchant sur les traces de son pere, à l'occasion de quelque mécontentement qu'il avoit reçu de la part des Thraces ses sujets, poussa sa vengeance & sa cruauté jusqu'à faire mourir avec toute leur famille ceux qui l'avoient offensé : sur le premier prétexte qu'il en trouvoit, il faisoit mettre les uns en croix, ou scier les autres par la moitié du corps. On égorgeoit par son ordre les enfans sous les yeux de leurs peres ou dans le sein de leurs meres, ou bien renouvellant l'histoire d'Atrée & de Thyeste, il faisoit servir à table aux peres & aux meres les membres de leurs enfans. Mais enfin les Thraces se saisissant de Zibelmius ne purent pas tirer à la vérité une vengence complete des cruautés qu'il avoit exercées sur leur nation : car le supplice d'un seul homme ne répare point les outrages faits à un peuple entier : ils tâcherent pourtant d'égaler sa peine à ses crimes, en le condamnant à tous les affronts & à tous les tourmens qu'un seul malheureux est capable d'essuyer.

374.

(a) Nommé ci-devant. p. 354. de M. de Valois.

Ptolemée Physcon s'appercevant que sa sœur Cléopatre le haïssoit, & ne croyant pas pouvoir s'en venger plus sensiblement, conçut un dessein atroce. Imitant la cruauté & la barbarie de Medée, il égorgea lui-même dans l'Isle de Chypre le fils qu'il avoit eu d'elle, qu'il avoit surnommé Memphitis (*a*), & qui étoit encore dans son enfance: non content de ce crime, il en commit un second plus atroce encore: car coupant en morceaux le corps de cet enfant, & le faisant mettre dans une corbeille; il chargea un de ses Officier de le porter à Alexandrie: & comme la fête de la naissance de Cléopatre approchoit, il ordonna à cet Officier de poser cette corbeille pendant la nuit sous la porte du palais. Cette commission ayant été exécutée, & la chose étant parvenue à la connoissance de Cléopatre, la Reine tomba dans la derniere désolation, & toute la multitude s'indigna jusqu'à la fureur contre le Roi.

Athenée, un des Lieutenans d'Antiochus (*b*) ayant commis plusieurs

---

(*a*) Ci-dessus. p. 354. de M. de Valois.
(*b*) Antiochus Sidetès; celui qui attaqua les Parthes, selon M. de Valois.

violences dans les logemens de guerre qu'on lui avoit donnés, prit la fuite; & abandonnant le service de son maître, il trouva la fin qu'il avoit méritée: car arrivant dans quelques villages où il avoit fait des vexations dans le tems qu'il servoit le Roi, personne ne voulut le recevoir: ainsi errant de lieu en lieu, sans trouver seulement du pain, il mourut en peu de tems de faim & de misere.

376.

Hegeloque, Lieutenant de Ptolemée Physcon, envoyé contre Marsias, que les Alexandrins révoltés s'étoient donnés pour chef, le prit vivant & extermina ses troupes. Tout le monde croyoit que le Roi l'alloit faire périr dans les plus affreux supplices. Mais Ptolemée lui pardonna tout d'un coup contre l'attente publique: car il commençoit à se repentir de ses cruautés passées, & il tâchoit de réconcilier les esprits en sa faveur, par des actes de clémence.

Euemerus, Roi des Parthes, Hircanien d'origine, surpassa tous les tyrans en cruautés, & exerça toute espece de violences. Il envoya dans la Medie pour y être esclaves plusieurs citoyens de Babylone avec toute leur famille. Il fit mettre le feu au marché public & à plusieurs temples de cette ville, & en fit abbatre les plus beaux édifices.

L'article précédent, selon M. de Valois, p. 58. de ses notes, est extrêmement défectueux: car en ce tems-là les Parthes avoient pour Roi Phraatés, auquel Antiochus Sidetés fit la guerre. A Phraatés succéda Artaban, & ensuite Mithridate. Au lieu d'Euemerus il faut apparemment écrire Himerus, que Phraatés allant à la guerre contre les Scithes, laissa Lieutenant de son Royaume selon Justin. l. 42. c. 1.

Alexandre (a) surnommé Zabinas, défit trois grands Capitaines Antipater, Clonius & Æropus, qui avoient pris sur lui la ville de Laodicée; mais par grandeur d'ame il pardonna & rendit la liberté à ces trois prisonniers de guerre, car il étoit né extrêmement doux & humain: il gagnoit tout le monde par son abord & par ses discours, & il s'étoit rendu extrêmement cher à ses peuples.

(a) Ptolemée Physcon l'avoit fait monter sur le Thrône de Syrie à la place de Démétrius Nicator son ennemi. M. de Valois. v. Justin. liv. 32. c. 2.

C. Sextius (*a*) ayant pris une ville des Gaulois, en vendoit les citoyens à l'encan. Un certain Craton qu'on exposoit enchaîné comme les autres, s'approcha de son tribunal, & lui dit que dans son païs il avoit toujours favorisé le parti des Romains, ce qui lui avoit attiré de la part de ses concitoyens bien des insultes & bien des coups. En considération de ce zele, Sextius le fit délier sur le champ avec toute sa famille, & lui fit rendre tous ses biens; mais de plus, pour récompenser son zele en faveur du peuple Romain, il lui accorda la délivrance de neuf cents de ses concitoyens à son choix. Le dessein du Consul dans cet excès de générosité, étoit de donner aux Gaulois un exemple de la grandeur de la République dans ses récompenses ou dans ses vengeances.

Alexandre Zabinas (*b*) ne se fiant point au grand nombre de ses soldats, soit parce que les uns n'étoient pas

378.

(*a*) C. Sextius-Calvinus qui étant Consul vainquit les Salyens à Aix, l'an de Rome 629. M. de Valois. Nous sommes donc ici à 130. ans avant l'Ere Chrétienne.

(*b*) Intrus au Thrône de Syrie par les ennemis de Démétrius Nicator.

formés à la guerre, soit parce qu'il en soupçonnoit plusieurs d'aspirer à un changement de maître, ne voulut risquer aucun combat à la tête de ses nouveaux sujets. Mais rassemblant les Thrésors Royaux, & dépouillant même les temples, sa pensée étoit de se réfugier de nuit dans la Grece. Ayant donc entrepris de piller, à l'aide de quelques Barbares, un temple de Jupiter, il fut surpris dans ce sacrilege, & peu s'en fallut qu'il ne fut exterminé-là avec tout son monde. Cependant échapé par la fuite, il se retiroit à Seleucie. Mais cette ville déjà instruite de son entreprise sacrilege, lui ferma ses portes. Alexandre ayant manqué cette retraite, marcha du côté de Pisidium, pour ne point s'écarter des bords de la mer.

Olympiade 164. an. 3. M. de Valois. C'est 180. ans depuis la fin du 20. l. l'an de Rome 631. & 128. ans avant l'Ere Chrétienne.

C. Gracchus ayant été tué par un de ses esclaves, L. Vitellius (*a*) qui avoit paru son ami, ayant rencontré le premier son corps laissé sur le chemin, non-seulement ne pleura point sur lui, mais même lui coupant la tête, & l'emportant dans sa maison, il don-

---

(*a*) Les autres Auteurs nomment L. Septimulieus. Val. Maxime. l. 9. c. 4. Plutarque dans la vie des Gracques. Pline. l. 33. M. de Valois.

na un exemple insigne de méchanceté & d'avarice : car le Consul Opimius ayant fait publier qu'il payeroit cette tête au poids de l'or, Vitellius trouva moyen de la percer & d'en tirer la cervelle, pour y faire entrer à sa place du plomb fondu. Ayant apporté cette tête dans cet état, le Consul lui donna à la vérité l'or qu'il avoit promis. Mais Vitellius remporta de cette action tout le décri d'un homme à qui la plus sordide avarice avoit fait oublier ce qu'il devoit à l'amitié du mort & à l'honneur public. Du reste tous les Flaccus avoient péri dans cette rencontre.

Adherbal, Roi de Numidie ayant été vaincu dans un grand combat par son frere Jugurtha, s'enfuit à Cirte : (a) Assiégé-là par le même Jugurtha, il envoya des Ambassadeurs à Rome pour inviter la Republique à secourir un Roi leur ami & leur allié, qui se trouvoit actuellement dans le plus grand péril. Le Sénat députa sur le champ des Ambassadeurs en Numidie qui sommerent Jugurtha de lever ce siége. Celui-ci ne s'étant pas rendu à cette instance, on lui fit une se-

380.

(a) Ville d'Afrique.

conde députation plus considérable; qui ne réussit pourtant pas mieux que la premiere: car Jugurtha faisant de nouveaux ouvrages autour de la ville, il réduisit par la famine son frere à se rendre: de sorte qu'Aderbal sortant revêtu de ses habits Royaux, comme abandonnant le Thrône, & ne demandant que la vie, ne laissa pas d'être tué par son frere, qui foula aux piés en même temps & les droits des suppliants, & ceux de la parenté la plus proche; mais poussant encore plus loin sa vengeance, il fit battre de verges & mourir ensuite tous les Italiens qui avoient été du parti d'Adherbal.

Le Consul P. Scipion Nasica, fut un homme distingué & par la grandeur de sa naissance, & par l'éclat de sa vertu: car il descendoit de ces hommes célébres qui avoient porté les surnoms d'Africains, d'Asiatiques, & d'Espagnols (*a*), qu'ils avoient mérité en joignant ces grandes Provinces à l'empire Romain. Son pere sur-tout & son ayeul avoient été les personnages les plus célebres de la République; ils s'étoient vus l'un & l'autre Princes du

---

(*a*) Hispalus a été un surnom de la famille Cornelia. v. M. de Valois p. 59. de ses notes.

Sénat, & ils opinerent toujours les premiers jusqu'à la fin de leur vie. Leur ayeul avoit été déclaré par le Sénat le plus homme de bien de Rome. Car quand on eut trouvé dans les livres des Sybilles des vers qui ordonnoient aux Romains d'élever un temple à Idæa, mere des Dieux, & d'apporter sa Statue de Pessinunte d'Asie, pour être reçue dans Rome par tous les ordres ou par tous les corps de la ville assemblés ; de telle sorte que les hommes seroient précédés par le plus homme de bien de la ville, & les femmes par la plus vertueuse d'entr'elles : le Sénat voulant se conformer en tout aux ordres donnés par l'Oracle, désigna P. Nasica pour le plus honnête homme de la ville, comme Valeria pour la plus vertueuse de toutes les femmes. Il ne se distinguoit pas seulement par sa piété envers les Dieux ; mais consulté sur les matieres d'Etat, son avis & la maniere même de le dire respiroit toujours la sagesse & la retenue. En effet, au lieu que Caton qui avoit été surnommé le Demosthene de Rome, étant consulté sur quelque matiere que ce put être, après avoir dit son avis sur cette matiere, ajoutoit toujours, & que Carthage soit détruite: P. Nasica soutenoit au contraire qu'il falloit conserver Carthage. L'un & l'autre avis paroissoit avoir ses difficultés: mais les plus sages pensoient comme Nasica. Ils disoient que la grandeur & la majesté du peuple Romain ne se tireroit pas du nombre des villes qu'ils auroient détruites, mais du nombre de celles auxquelles ils commanderoient. D'ailleurs l'existence de Carthage entretiendroit toujours dans Rome une certaine crainte avantageuse pour maintenir les esprits dans la concorde, & prévenir les vexations des grands à l'égard des petits: seule source de la conservation & de l'aggrandissement d'un Etat. Au lieu qu'ôtant aux Romains cet objet de crainte, il étoit impossible que les guerres civiles ne s'allumassent dans Rome, & que toutes les villes alliées ne s'élevassent contre elle, pour se venger des vexations & de l'avidité insatiable des Gouverneurs & des Magistrats qu'on leur envoyoit. C'est en effet ce qui arriva aux Romains d'abord après la destruction de Carthage. La chute de cette ville fut suivie des factions les plus turbulentes,

turbulentes, de loix Agraires, des plus fâcheuses défections de ses Alliés, de guerres civiles aussi longues que périlleuses, & enfin de tous les maux que Scipion avoit prédits. Son fils Nasica (*a*) devenu un peu plus âgé, accompagné des plus braves Sénateurs tua de sa main Tib. Gracchus qui tentoit de se faire Roi. Le peuple ayant pris mal cette action, & voulant sevir contre ses Auteurs ; tous les complices qui craignoient la fureur populaire, nioient le fait, & tâchoient de se laver du complot par des réponses obliques : le seul Scipion avoua hautement que le coup partoit de sa main : & ajoûta que ses complices pouvoient avoir ignoré les desseins de Gracchus, mais qu'ils étoient parfaitement connus & de lui & de tout le Sénat. A l'égard du peuple, quoiqu'il eut d'abord regreté la personne du mort, gagné pourtant par l'autorité & par la constance de celui qui avoit fait le coup, il prit enfin le parti de se taire. Scipion Nasica fils de celui

An de Rome 642. 117. ans avant l'Ere Chrétienne.

(*a*) Mr. de Valois remarque ici que Scipion Nasica qui tua Tib. Gracchus étoit petit-fils & non pas fils de celui qui fut jugé le plus homme de bien de la ville, à moins, dit-il, qu'il n'eut été adopté par son grand-pere.

dont nous venons de parler, & qui mourut cette année dans son consulat, ne dégénera point des vertus de ses Ancêtres. Plein d'intégrité & de réligion, il ne se laissa jamais corrompre par les présens ; & pénétré des préceptes de la plus saine Philosophie, il ne se contenta pas d'en faire le sujet le plus ordinaire de ses discours, mais il en fit encore la regle constante de sa vie.

Dès qu'Antiochus (*a*) de Cyzique se vit monté sur le thrône de Syrie, il se jetta dans le luxe, dans la débauche & dans tous les vices des mauvais Rois. Continuellement environné de Mimes, de farceurs, & de Saltinbanques, il ne s'appliquoit qu'à étudier & à imiter lui-même leurs sauts & leurs tours. Il s'adonna beaucoup à l'art qu'on appelloit Neurospatique, qui consistoit à faire mouvoir par des ressorts cachés de faux animaux de la hauteur de cinq coudées, & couverts d'or & d'argent. D'un autre côté aussi il manquoit de toute espece de machi-

---

(*a*) Fils d'Antiochus Sidetés, surnommé de Cyzique, parce qu'il avoit été élevé dans cette ville, chez un nommé Craterus. Il monta sur le thrône en la premiere année de l'Olympiade 167. M. de Valois. C'est l'an 640. de Rome 119. ans avant l'Ere Chrétienne.

nes de guerre, & sur-tout de celles qu'on nommoit Helepoles (a), & dont les Rois ses Prédécesseurs avoient fait un usage si avantageux pendant leur vie & si glorieux à leur mémoire. D'ailleurs il aimoit la chasse immoderément, se dérobant quelquefois la nuit même avec un ou deux esclaves pour aller courir des sangliers, des leopards & des lions : & se présentant lui-même très-mal à propos à ces animaux, il exposoit témérairement sa propre vie.

Micipsa Roi des Numides fils de Masinissa eut plusieurs enfans. Mais il aima particulierement Adherbal l'aîné, Hiempsal, & Micipsa le dernier de tous. Celui-ci qui fut le plus doux & le plus raisonnable des Rois de Numidie, ayant fait venir de la Grece des hommes doctes, prit dans leurs entretiens des notions de toutes les sciences, & sur-tout de la Philosophie dans laquelle il passa heureusement une longue vie.

Un certain Contoniatus Roi d'une ville des Gaules appellée Jontore étoit

---

(a) V. au L. 20. les pp. 785. & 817. de Rhod. aux sieges de Salamine & de Rhode par Démetrius.

O ij

un homme intelligent, grand capitaine & ami des Romains, comme ayant passé sa jeunesse à Rome, où il avoit puisé les principes de la vertu & de la sagesse. C'est pour cela aussi que les Romains lui avoient donné une couronne dans la Gaule.

C. Marius un des officiers de Métellus (*a*) étoit peu consideré du Proconsul, n'étant alors que le dernier de ses lieutenans; au lieu que les autres, qui avoient de la naissance & des services recevoient de sa part de grandes marques de distinction : Marius (*b*) au contraire qui avoit été publicain, & qui n'étoit parvenu qu'avec beaucoup de peine aux dernieres Magistratures, étoit à peine regardé par le Général. Sur ce pié-là les autres se dispensoient volontiers des fatigues de la guerre ; celui-ci au contraire toujours envoyé aux expéditions les plus perilleuses faisoit semblant d'en être fâché. Mais au fond profitant de ces occasions pour s'instruire, il acquit en effet une grande capacité dans toutes les par-

---

(*a*) Je suis ici le latin de M. de Valois, comme un peu plus étendu que le texte.
(*b*) Ciceron, pro Plancio, dit de lui, qu'ayant été refusé de l'Edilité, il avoit été fait sept fois Consul.

ties de l'art militaire: né d'ailleurs avec un grand courage, & accoutumé aux plus grands perils; il acquit bientôt une grande valeur pour lui-même, & de la part des autres une grande réputation en cette partie. Dans la suite, traitant favorablement les soldats qu'il gagnoit par des présens, par ses entretiens familiers avec eux, & par des rondes qu'il faisoit en certains cas pour leurs besoins, il s'acquit de leur part un dévoument à toute épreuve; de sorte que dans les combats leur vûe principale étoit de lui procurer à lui-même l'honneur de la victoire. Cela est si vrai que dans les occasions où on leur donnoit un autre chef, ils se relâchoient visiblement, & sembloient éviter le péril, comme se réservant pour une occasion plus favorable. Il est arrivé en effet plus d'une fois que les mêmes troupes qui n'ont jamais été battues sous Marius, se sont laissé vaincre sous d'autres chefs.

LIVRE XXXVI.

LA Sicile (a) n'avoit pas seulement alors à souffrir de la part des esclaves révoltés ; les hommes libres, mais qui ne se voyoient ni terres ni possessions aucunes, se jettoient dans le brigandage ; & s'attroupant pour courir les campagnes, ils chassoient devant eux les bestiaux, ils enlevoient le blé dans les granges, & massacroient sans exception tous ceux qui se présentoient à eux, libres ou esclaves, pour cacher plus long-tems les indices de leur retraite. Comme il n'y avoit alors aucun Tribunal de justice dans la Sicile, faute d'un Préteur Romain qui y résidat, tout tomboit dans la plus affreuse licence : on ne voyoit par-tout que des traces de vols & de violences, & les riches plus exposés que les autres à ces incursions & à ce ravage étoient aussi les plus à plaindre. Il arrivoit de-là que des hommes qui

___

(a) Ceci s'accorde avec les fragmens du même L. 36. recueillis par Photius. p. 912. de Rhod. & se rapporte à l'an de Rome 648. de M. de Valois. C'est 111. ans avant l'Ere Chrétien.

peu auparavant se voyoient au rang des Citoyens les plus distingués, après avoir été témoins eux-mêmes de l'enlévement de leurs biens, étoient encore obligés de souffrir les hauteurs & les insultes des riches qui ne les connoissoient plus. A peine pouvoit-on compter alors comme sur un bien à soi, ce qui étoit renfermé dans les murailles des villes ; & l'on regardoit comme perdu & déja enlevé tout ce qu'on possedoit à la campagne assiegé par ces bandits & ces assassins, qui faisoient passer la terreur jusques dans les villes mêmes. Car les brigandages qu'ils exerçoient au-dehors inspirant la révolte aux esclaves qui étoient enfermés encore dans les villes, rendoient ceux-ci très-redoutables à leurs maîtres.

L. Apuleius Saturninus Quæsteur ou thrésorier de la République, avoit eu pour son partage le port d'Ostie, d'où les vivres venus par mer arrivoient à Rome. Mais s'étant acquité négligemment de sa fonction, il en subit la punition convenable de la part du Sénat qui lui ôta sa charge pour la confier à d'autres. Cependant ayant tâché de réparer sa faute par

390.

une conduite irréprochable dans la condition de particulier, il fut jugé digne d'être fait Tribun du peuple.

Deux années s'étant écoulées, depuis que le peuple dans toutes les assemblées publiques demandoit le rappel de Metellus ; son fils Q. Metellus ayant laissé croître sa barbe & ses cheveux, en habit négligé, & toujours en larmes, se jettoit aux piés de tous les Citoyens pour obtenir d'eux cette grace. Quoique le peuple hésitat à lui donner cette espérance, contre la loi prescrite sur cet article ; touché pourtant des prieres & des instances de ce jeune homme ; il rappella le pere, & donna au fils à cette occasion le surnom de pieux.

Le peuple Romain qui s'étoit fait, & qui avoit suivi jusqu'alors les loix les plus sages, s'acquit par cette voye l'Empire le plus grand & le plus célébre qui ait jamais été. Mais dans la suite la soumission même & l'obéissance de tant de nations, lui ayant procuré une longue paix, il passa de son ancienne discipline à des mœurs déreglées & corrompues. La jeunesse que la guerre n'occupoit plus, & qui avoit de quoi satisfaire tous ses désirs, commença à préférer la dépense à la sobriété, le luxe à la moderation, & les plaisirs aux travaux de la guerre. On en vint à mesurer le bonheur de la vie, non par l'assemblage des vertus, mais par l'abondance des voluptés. Là commencerent les repas somptueux, & la recherche des parfums exquis, des ameublemens superbes, des ouvrages d'or, d'argent & d'yvoire, où l'art surpassoit la matiere. Les vins ordinaires furent abandonnés; on ne les vouloit que de Falerne, de Chio ou d'autres Cantons en petit nombre; les poissons mêmes & les autres mets devoient être exquis & rares. Les jeunes gens ne vouloient paroître en public qu'avec des habits de laines fines & transparentes comme des robes de femmes. Tous ces indices, ou tous ces accompagnemens de luxure, & de volupté étant recherchés par-tout le monde avec un empressement égal, le prix en étoit monté très-haut. La cruche de vin de Falerne alloit à cent deniers, une jatte de saumure de la mer de Pont se vendoit quatre cents. Un excellent cuisinier coutoit quatre talens (*a*).

392.

―――――――――
(*a*) 12000. Liv. sui- | lent. Vol. 1. de cette
vant l'estimation du ta- | traduction p. 133.

Les enfans servant à table, quand ils étoient beaux & bien faits alloient à des sommes exorbitantes. Cependant pour remedier à ces excès, quelques Préfets des provinces se trouvant dans une place exposée à la vûe de tout le monde, se proposerent de ramener par leur exemple à la sagesse & à la vertu des nations si corrompues.

394. Q. Mucius Scævola se distingua entre tous les autres dans un projet si louable. Car ayant été désigné & envoyé Proconsul en Asie, il choisit pour son lieutenant le plus fidéle de ses amis P. Rutilius, qu'il consulta toujours dans l'administration des affaires de sa province, & dans tous les jugemens qu'il y rendit. Il se fit d'ailleurs une loi de ne tirer que de ses propres revenus, toute la dépense qu'il feroit pour lui & pour toute sa suite ; ce qui l'obligea à vivre dans une grande frugalité : & suivant d'ailleurs dans les jugemens les loix de l'équité la plus parfaite, il délivra sa province des calamités dont elle étoit accablée. Car les Proconsuls d'Asie ses Prédécesseurs, qui s'entendoient avec les Publicains, entre les mains

desquels les jugemens étoient alors à Rome, avoient rempli la province d'Asie de toute espece de brigandage & de crimes.

L. Scævola prononçant toujours des jugemens équitables, délivra sa province, non-seulement des entreprises des calomniateurs, mais aussi des recherches & des vexations des Publicains. Car rendant exactement justice à tous ceux à qui ces derniers avoient fait tort, c'étoient ordinairement les Publicains qu'il condamnoit à tous les frais ; & il ne leur épargnoit pas même les jugemens de mort, quand ils tomboient dans le cas. Un certain d'entr'eux, & même le plus considerable qui avoit traité avec son maître de sa liberté (*a*), fut saisi par l'ordre de Scævola & mis en croix avant que de l'avoir obtenue.

Le même Scævola après avoir condamné les Publicains coupables les livroit à ceux qu'ils avoient offensés. Ainsi ces mêmes hommes qui peu

___

(*a*) Il est assez surprenant qu'un esclave fût Publicain. Tout cela dépend des mœurs de l'ancienne Rome plus ou moins connuës. V. Mr. de Valois. p. 60. de ses remarques, où il examine l'autre difficulté d'un esclave qui avoit traité de sa liberté avec son maître.

auparavant exerçoient toutes sortes de violences & d'injustices, se voyoient alors menés souvent eux-mêmes devant les Juges. Mais d'ailleurs comme Scævola faisoit toujours de son propre fonds les frais de ses routes, ou de ses entrées dans les villes étrangeres, il procura bien-tôt aux Romains l'affection de tous leurs Alliés.

L. Asellius dont le pere avoit été Questeur envoyé dans la Sicile comme Préteur, trouva cette province ravagée, ou par la guerre des esclaves, ou par les Magistrats précédens. Mais il la remit bientôt dans son ancienne splendeur, par les sages réglemens qu'il lui donna. Car prenant pour second, à l'exemple de Scævola, le meilleur de ses amis C. Sempronius Longus, il admit aussi dans tous ses conseils Publius qui demeuroit à Syracuse, & un des plus illustres d'entre les chevaliers Romains. Celui-ci joignoit à de grands biens de fortune de grandes vertus de l'ame. Les temples des Dieux qu'il a réparés, les dons qu'il leur a faits, & les sacrifices qu'il y a établis sont un témoignage de sa pieté, & l'on peut donner pour preuve de sa temperance la santé parfaite, & l'usage de ses sens qu'il a conservé toujours égal jusqu'à la fin de ses jours. Savant lui-même, il faisoit de grands biens à tous ceux qui se distinguoient dans les sciences, ou dans l'exercice des beaux arts. Asellius se faisant donc assister dans tous les jugemens qu'il portoit, des deux hommes que nous venons de nommer, Sempronius & Publius; s'appliqua sans relâche à remettre la Sicile dans l'état heureux où elle s'étoit vûe dans ses premiers tems.

Asellius toujours attentif à l'utilité publique, entreprit de bannir du Barreau la calomnie, & sa principale attention fut de soutenir les gens sans appuy. Ainsi au lieu que les Préteurs qui l'avoient précédé, donnoient des tuteurs aux veuves & aux orphelins délaissés, il se chargea lui-même de leur tutele, & réglant toutes leurs affaires avec toute l'attention dont il étoit capable, il les garantit de l'oppression à laquelle ils étoient exposés. En un mot ayant veillé pendant le cours de sa Magistrature à reprimer les malfaicteurs publics ou particuliers, il rendit à la Sicile son ancienne félicité.

M. Livius Drusus, jeune encore, étoit doué de tous les avantages du corps & de l'esprit. Né d'un pere illustre, que sa naissance & sa vertu avoit rendu respectable au peuple Romain ; il surpassoit toute la jeunesse de son tems en richesse & éloquence. Il s'attiroit la confiance de tout le monde par une extrême fidelité à sa parole : & plein de courage & de grandeur d'ame, il sembloit être sans sortir de sa place, à la tête du Sénat.

LIVRE XXXVII.

398. EN ce tems-là Pompædius Silo (*a*) chef des Marses se jetta dans une entreprise extraordinaire. A la tête de dix mille hommes qui craignoient les recherches de la justice, & qui cachoient leur épée sous leurs habits, il les fit marcher du côté de Rome. Son dessein étoit d'entourer le Sénat, & de demander pour lui & pour sa province le droit de Citoyens Ro-

---

(*a*) Le même dont il est parlé dans les fragmens tirés de Photius L. 37. fragm. 1. p. 917. de Rhod.

mains ; & en cas de refus de ravager Rome & son territoire par le fer & par le feu. C. Domitius vint au-devant de lui, & lui demanda où il prétendoit aller à la tête de tant de troupes. A Rome, dit-il, où les Tribuns mêmes m'ont fait espérer qu'on accorderoit à moi, & à ceux qui m'accompagnent, le titre de Citoyens Romains. Domitius lui répondit qu'il obtiendroit sa demande bien plus sûrement & plus agréablement pour lui & pour les siens s'il ne se présentoit pas en forme de guerre : d'autant que le titre auquel il aspiroit étoit un gage de liaison, & d'amitié qui ne s'acqueroit point par les hostilités & par la violence. Pompædius frappé de respect à la seule présence de cet homme, & cédant à la sagesse de son conseil, s'en retourna sur le champ. C'est ainsi que Domitius, par la prudence de ses discours, sauva à sa Patrie une attaque dangereuse ; s'étant bien mieux conduit en cette rencontre que le Proconsul Servilius à l'égard des Picentins. Car celui-ci agissant avec ces derniers, non comme avec des hommes libres & alliés de la République, mais comme avec des esclaves, & les aigrissant par les menaces perpetuelles qu'il leur faisoit, il s'attira des retours fâcheux pour lui-même & pour beaucoup d'autres. Au lieu que Domitius appaisa par sa modération la fougue insensée des Marses.

Il y avoit dans la ville d'Asculum un certain Agamemnon Cilicien d'origine que les Romains avoient fait mettre en prison, pour cause d'un brigandage, duquel s'étoit même ensuivi le meurtre de quelques-uns de leurs Alliés. Le criminel tiré de-là par quelques Picentins, se donna tout entier à leur service, & combattoit vaillamment pour eux. Accoutumé de longue main à sa profession, il couroit le pays ennemi de Picene, avec des Brigands qu'il avoit formés lui-même à cet exercice.

Les habitans de Pinna (*a*) tomberent dans les plus grandes calamités, pour avoir voulu garder la fidelité qu'ils avoient vouée aux Romains. Car n'ayant jamais voulu renoncer à l'alliance qu'ils avoient contractée avec eux, ils furent réduits à voir égorger leurs enfans à leurs propres yeux.

(*a*) Dans la Campanie.

DE DIODORE, 329

L. Sylla s'acquitoit noblement de toutes les fonctions dont il étoit chargé, & sa réputation devint grande dans la ville. Le peuple le jugea même digne du Consulat, & il fut bientôt reconnu pour un homme distingué par le courage & par l'intelligence de l'art militaire. En un mot il paroissoit assez qu'il parviendroit incessamment aux plus grandes dignités de la Republique.

Mithridate (a) ayant vaincu en Asie les Capitaines Romains, & maître d'un grand nombre de prisonniers qu'il avoit fait sur eux, les renvoya tous dans leur Patrie, en leur donnant des habits & des vivres. Le bruit de cette generosité s'étant répandu au loin, toutes les villes se donnoient à lui à l'envi les unes des autres; & l'on voyoit des Ambassadeurs venant de toutes parts qui l'appelloient leur Dieu & leur Sauveur: lorsqu'il arrivoit dans quelque ville, tous les Citoyens en habits blancs alloient bien loin au-devant de lui pour le recevoir.

(a) L'Auteur parle ici de la victoire que Mithridate remporta sur Manilius Aquilius, Q. Appius & L. Cassius, joints à Nicomede Roi de Bithynie; V. Appien. in Mithridatico. M. de Valois.

Le Parti de Mithridate se fortifiant de plus en plus en Asie, & toutes les villes abandonnant les Romains comà l'envi les unes des autres; les Insulaires de Lesbos resolurent non seulement de se donner au Roi, mais encore de lui livrer le Romain Aquillius qui s'étoit refugié à Mitylene, où il relévoit actuellement d'une grande maladie. Ils envoyerent donc à son hospice une élite de jeunes hommes vigoureux, qui se jettant brusquement dans cette maison lierent Aquillius, dans la pensée qu'ils avoient de faire en sa personne un présent qui seroit très-agréable à Mithridate. Mais le Romain (*a*), quoiqu'encore à la fleur de son âge, prit une résolution véritablement heroïque: car préférant la mort aux affronts, ou aux châtimens d'esclaves ausquels il seroit exposé, il se tua lui-même, & par le courage de cette action, il empêcha ceux qui venoient à lui, d'oser seulement l'approcher. Ainsi se préservant des maux où la servitude l'auroit exposé, il s'ac-

---

(*a*) Il y a ici une omission de nom, sur laquelle on peut consulter M. de Valois. p. 62. de ses notes. Car Aquillius fut remis vif entre les mains de Mithridate,

quit encore une réputation immortelle.

Les Rhodiens (*b*) qui ne faisoient pas le plus grand nombre l'emportoient sur tous les autres dans la marine & dans les combats de mer. Rien n'égaloit l'art de leurs pilotes, l'ordre de leurs vaisseaux, l'exercice de leurs Rameurs, la capacité de leurs Commandans, & le courage de leurs soldats. Les Cappadociens au contraire n'avoient aucune experience dans cette espece de guerre ; & ce qui est la cause infaillible de la défaite, ils ne savoient pas s'arranger. Ils ne cédoient point aux Rhodiens pour la bonne volonté & pour le courage, & combattant sous les yeux de leur Roi, ils ne cherchoient qu'à lui donner des preuves de leur fidelité & de leur zéle : & comme ils se voyoient même un plus grand nombre de vaisseaux, ils firent tous leurs efforts pour envelopper la flotte ennemie.

C. Marius l'homme de son tems le plus célébre, aspira dès sa jeunesse à la plus haute réputation. Il cultiva sur toute chose, la vertu rare du mépris

---

(*b*) Il s'agit ici du combat naval des Rhodiens contre Mithridate. Appien. *in Mithridatico.*

des richesses ; & ayant exécuté les plus grandes entreprises tant en Afrique qu'en Europe, son nom devint en effet très illustre. Mais dans un âge plus avancé & sur la fin de ses jours, il aspira aux richesses de Mithridate, & aux thrésors de l'Asie ; & dans ce dessein voulant se faire transferer contre les loix, la province destinée à Cornelius Silla, il tomba dans toutes les calamités qu'il s'étoit lui-même attirées : car non seulement il manqua l'acquisition des richesses qu'il recherchoit, mais il perdit même celles dont il étoit en possession ; ayant été condamné, pour l'excès de son avarice, à voir passer ses biens entre les mains des Questeurs ou Trésoriers publics. Echappé par hazard au jugement par lequel le peuple l'avoit condamné à la mort, il erra long-tems dans toute l'Italie sans être accompagné de personne, il passa enfin de l'Italie dans la Numidie, où n'ayant plus aucune ressource il tomba dans la mendicité. Ensuite revenu à Rome au tems de la guerre civile, il s'associa avec ceux qui avoient été déclarés ennemis de la Republique ; & non content de la victoire qui le fit rentrer dans sa Patrie,

404.

il y excita de grands troubles. Enfin instruit par sa propre experience de l'instabilité de la fortune, il ne voulut plus en faire l'épreuve. Ainsi quoique parvenu à son septiéme Consulat prévoyant les suites fâcheuses de la guerre que Sylla alloit faire à ses propres concitoyens, il se donna la mort à lui-même, & laissa Rome & son fils (a) à la veille des plus grandes calamités. Car ce dernier ayant eu affaire à un ennemi plus puissant que lui, s'étoit refugié, après la prise de la ville, dans un souterrain. Aussitôt après, Rome & tous ses Alliés tombés dans cette guerre qui se préparoit depuis long-tems arriverent aux derniers malheurs. Les deux hommes de la ville les plus distingués Scævola & Crassus, furent égorgés, dans le Sénat même sans qu'on voulut les entendre ; & annoncerent par leur chute les désastres dont toute l'Italie étoit menacée. Sylla fit périr par le glaive, les plus considérables des Sénateurs, & plus de cent mille Romains passerent au fil de l'épée, ou dans des combats reglés, ou dans des surprises ; & tant de massacres n'eurent pour

(b) Nommé Marius comme lui, qui envahit le Consulat à 27. ans ; & fut tué quelque tems après par Catulus.

première cause que l'avarice ou la cupidité de Marius.

L. Cornelius Merula (*a*) qui avoit été fait Consul à la place de Cinna, fit l'action d'un excellent Citoyen & qui aime véritablement sa Patrie : car Cinna ayant promis la paix à Condition que Merula fut exclus du consulat, ce dernier fit au Sénat & au peuple une harangue, par laquelle il déclaroit qu'en renonçant à la dignité dont on l'avoit revêtu malgré lui, il vouloit être le premier Auteur de la paix & de la concorde. Aussi-tôt cédant sa place à Cinna, il demeura lui-même homme privé : le Sénat acceptant sa générosité envoya à Cinna des Ambassadeurs, qui ayant fait avec lui des

---

(*a*) Je suis exactement dans cet article le latin de M. de Valois, suivant la correction & l'avis qu'il donne dans ses remarques. Il y rapporte aussi de l'Auteur de l'histoire mêlée un passage tiré d'Eutrope que je crois devoir insérer ici comme un témoignage des maux où peut tomber une République dont les particuliers sont devenus trop puissans. Telle fut la fin, dit cet Auteur, de deux guerres très-funestes, celle des Alliés d'Italie, *Sociale Italicum*, & de la guerre civile de Sylla, *Civile Sullanum*, qui durèrent dix ans, dans lesquelles périrent plus de cent cinquante mille hommes, trente-trois personnages Consulaires, sept Préteurs, soixante Édiles, deux cents Sénateurs, sans parler d'un nombre inombrable d'hommes de toutes les parties de l'Italie.

conditions de paix, le ramenerent dans la ville.

Sylla qui manquoit de fonds entreprit de piller trois temples, remplis d'offrandes d'or & d'argent. L'un étoit celui d'Apollon à Delphes, l'autre celui d'Esculape à Epidaure ; & le troisiéme celui de Jupiter à Olympie. Ce dernier lui fournit sa plus grande proye, comme étant demeuré inviolable depuis sa fondation. En effet les Phocéens avoient pillé le temple de Delphes au tems de la guerre sacrée (a). Sylla s'étant donc ainsi pourvû d'un amas prodigieux d'or, d'argent & d'autres trésors, se disposoit à la guerre d'Italie. Du reste libre de tout remords sur les richesses qu'il avoit enlevées aux Dieux, il leur rendit à la place un champ dont le revenu devoit fournir à des sacrifices en leur honneur ; sur quoi il disoit souvent par raillerie qu'il ne remportoit tant de victoires, que parce que les Dieux qui lui avoient fourni de si grosses sommes pour cette guerre, s'intéressoient réellement à ses succès.

(a) L. 16. de Diodore depuis la p. 425. de Rhod. jusqu'à la p. 455. du même ; & de cette traduction. Tom. 4 depuis la p. 481. jusqu'à la p. 559.

C. Flavius Fimbria ayant pris dans la route de grandes avances sur L. Valerius Flaccus, fit naître de grands troubles dans l'armée. Car pour s'attirer la bienveillance des soldats, il leur permit de piller les champs des Alliés, comme s'ils avoient appartenu à des ennemis, & en même tems de faire esclaves, tous ceux qu'ils rencontreroient sur leur route : ses soldats usant avec joye de cette licence, acquirent de fortes dépouilles en peu de jours. Mais ceux qui avoient essuyé une pareille vexation se présenterent au Consul, & se plaignirent amerement de l'injure qui leur avoit été faite. Le Consul très-sensible à leurs représentations, leur ordonna de le suivre pour recouvrer leurs possessions ou leur liberté. Celui-ci s'adressant a Fimbria même, lui commanda avec menace de rendre aux complaignans ce qu'il leur avoit enlevé. Fimbria se défendit en rejettant toute la faute sur ses soldats, qu'il soutenoit avoir usé de cette vexation à son insçu : mais en même-tems, il fit dire sous main à ses soldats de ne point se rendre à cet ordre, & de garder courageusement ce qu'ils s'étoient acquis par le droit & suivant les loix

loix de la guerre. Ainsi Valerius ordonnant avec menace cette restitution qui ne s'exécutoit point, il s'é-
leva à cette occasion un grand tumulte dans le camp.

Fimbria ayant traversé l'Helles-
pont invita d'abord ses soldats à exercer toutes sortes de brigandages dans
le pays, & lui-même extorquant des
contributions dans toutes les villes, les
distribuoit à ses Legionaires. Ceux-ci
profitant de la licence effrenée qu'on
leur donnoit, & gagnés par l'espoir
d'un gain immense, regardoient Fimbria comme un excellent capitaine,
auquel ils avoient toutes sortes d'obligations: d'autant plus qu'il leur livroit
le pillage de toutes les villes qui resis-
toient à ses volontés : & c'est ainsi
qu'il en usa à l'égard de Nicomedie
en particulier.

Le même Fimbria étant entré comme ami dans Cysique, chargea de
diverses accusations les plus riches particuliers de la ville, & pour impri-
mer la terreur à tous les autres, il fit
prendre deux des principaux citoyens
qu'il condamna à la mort après les avoir
fait battre de verges: ensuite de quoi
on mit leurs biens à l'encan, pour for-

cer tous les autres par cet exemple à lui apporter toutes leurs richesses.

Cn. Pompeius ayant pris le parti de la guerre, dont il essuyoit courageusement tous les travaux y acquit bientôt une grande expérience : car écartant de lui toute paresse & toute molesse, il s'occupoit jour & nuit de ce qui concernoit cette profession. Il s'accoutumoit à vivre dans la plus grande sobrieté, il s'étoit interdit les bains, & toute espece de délices, & renonçant aux lits de nos tables, il ne mangeoit jamais qu'assis. Il donnoit très-peu de tems au sommeil, & il passoit ses nuits à méditer sur ce qu'il avoit à faire le lendemain, pour remplir tous les devoirs d'un grand Général. Ainsi par l'observation continuelle & de ce qui arrivoit & de ce qui pouvoit arriver à la guerre, il devint un capitaine très-experimenté. En moins de tems qu'un autre ne se seroit rendu à une armée déja assemblée, il en assembla une lui-même, lui fournit des armes & la mit en état d'agir. Le bruit de ses entreprises étant parvenu à Rome, tous ceux qui faisoient plus d'attention à son âge qu'à ses talens, se défioient beaucoup des recits qu'ils entendoient faire, & les traitoient d'exagerations. Mais enfin les effets ayant justifié les discours, le Sénat envoya contre lui Junius Brutus qu'il vainquit & mit en fuite.

Scipion ayant été laissé seul & sans ressource après la désertion de son armée, désesperoit de se sauver lui-même lorsque Sylla lui envoya des cavaliers qu'il avoit chargés de le conduire en toute sureté en quelque endroit qu'il voulut aller. Alors Scipion réduit par son infortune à changer les habits & les ornemens consulaires, en un vêtement commun & de simple particulier, fut envoyé & conduit par l'ordre de Sylla, dans la ville que le vaincu avoit lui-même choisie. Mais peu de tems après jugé digne d'un nouveau commandement, il reprit les ornemens qu'il avoit quittés.

Les hommes les plus illustres de la Republique furent alors attaqués par des Calomnies; & Q. Mucius Scævola le plus respecté entre les Citoyens, & qui avoit été revêtu de la grande Prêtrise, eut une fin indigne de son rang & de sa vertu. Mais on regarda comme un grand bonheur pour les Romains, qu'un Prêtre si respectable ne voulut pas tomber mort dans le sanctuaire. Car il ne tint pas à la brutalité de ses meurtriers, qu'ayant été frappé au pié de l'autel, il n'éteignit de son sang, par un sacrilege épouvantable de leur part, le feu sacré qui brûle depuis plusieurs siécles dans le temple de Vesta.

Le tableau des proscriptions ayant été affiché dans la place publique, une horrible foule de gens couroit pour le lire, & la plus grande partie plaignoit ceux dont la mort y étoit annoncée. Un particulier se distinguant de tous les autres par sa méchanceté & par son insolence, insultoit par toute sorte de reproches ceux dont il voyoit les noms dans la liste. Mais il éprouva sur le champ la vengeance d'une divinité irritée ; car ayant lû au bas de l'affiche son propre nom ; aussi-tôt se couvrant toute la tête de sa robe, il chercha à s'échapper à travers la foule. Mais reconnu par quelqu'un qui étant auprès de lui l'avoit entendu, & qui rapporta les mauvais propos qu'il avoit tenus, il fut puni du dernier supplice, à la satisfaction de tout le monde.

Quand on rouvrit les Tribunaux de Justice fermés depuis long-tems en

Sicile, Pompée s'appliqua aux matieres de droit, & discutant avec attention les causes publiques & particulieres, il exerça la magistrature avec tant de lumiere & d'équité, qu'il ne fut inférieur à qui que ce soit en cette partie. Et quoique l'âge de vingt-deux ans, auquel il se trouvoit alors, semblat l'inviter aux plaisirs & même à la débauche, il se conduisit avec tant de sagesse & de bienséance dans cette province, que tous les Siciliens conçurent pour lui une estime qui alloit jusqu'à l'admiration.

Fin des quatre suites des Fragmens de Diodore.

J'AI lû par ordre de Monseigneur le Chancelier *les derniers Livres de Diodore*, avec les Fragmens du même Historien, traduits par Monsieur l'Abbé Terrasson. A Paris ce 7. Septembre 1744.

SOUCHAY.

TABLE
DES MATIERES

Du septiéme & dernier Volume, contenant les Fragmens.

A

Abropolis, Roi des Thraces est remis sur le trône. 163.

Adherbal, Roi de Numidie est tué par son frere Jugurtha. 309.

Æmilius (Lucius) traite bien Perséé. 247. Il meurt. 217.

Agamemnon Cilicien chef des Picentins. 328.

Agathocle fait égorger les soldats, qui avoient tué son fils Archagatus. 3. il fait alliance avec Démetrius 6. il meurt. 10.

Alexandre, Roi de Syrie, est tué 82.

Alexandre, surnommé Zabinas, son humanité 306. il veut piller un temple de Jupiter. 308.

Amilcar se noye 62.

Annibal élu chef des Carthaginois 65. Il prend Sagunte. Ib. il se dispose à assiéger Rhege 71. Il séjourne à Capouë 211. Il fait les funerailles de Gracchus 214. Il repasse en Afrique 221.

Antigonus meurt 187.

Antiochus Eupator assiége Jerusalem, 89. Il fait immoler un pourceau devant la Statuë de Moyse, 91. Il fait la paix avec les Romains, 158. Il se marie, 229. Il pille le temple d'Elyme, 231. Il perd la vie, 225.

Antiochus Epiphanés, sa conduite, 237.

TABLE.

Il enleve la couronne à Philometor, 244, note *b*. Il donne une fête superbe. 251.

Antipater tuë sa mere & son frere, 5. Il est tué par Démetrius. *Ibid.*

Apollodore immole un jeune homme, 197. Il se conduit en tyran, 198.

Appius Claudius secoure Messine, 35.

Apuleius Saturnnus Questeur de la Republique, 319.

Aquillius se tuë, 330.

Aradiens. Ils maltraittent les députés de Marathus, 176. Leur conduite envers les Citoyens de la même ville, 279.

Ariarathés envoye à Rome des ambassadeurs, 169.

Arsace Roi des Parthes, 289.

Ardrubal est défait par Cœcilius, 48. Il tuë Orisson, 63. Il bâtit Carthage la neuve. *Ibid.* Il est égorgé, 64.

Asellius Préteur d'Asie, 324.

Athenée meurt de faim & de misere, 304.

Athenion chef d'esclaves revoltés, assiége Lilybée, 115. Il est tué par Acilius, 124.

Attalus Roi de Pergame, 286.

Attalus Philometor, sa cruauté, 300.

Auguste défait Antoine, 143.

B

Barcas prend Eryce, 57.

Bartacés Prêtre de Cybelle, vient à Rome, 131.

Blannon ambassadeur de Carthage, 174.

Bocchus livre Jugurtha aux Romains, 187.

Brennus Roi des Gaulois se tuë, 23.

C

Cadix, habitée par des Phéniciens, 60.

TABLE.

Cæsar (C. Julius) son éloge, 275.

Calatinus, Consul Romain, 57.

Callias accusé de peu de sincerité, 193.

Carthage prise par les Romains, 85.

Carthaginois. Ils battent les Romains sur mer, 54. Ils font la paix, 58. On leur signifie de détruire Carthage, 174.

Catulus se fait mourir, 145.

Celtes, ils défont les Romains, 64.

Charopus d'Epire, 240.

Chartalon prend Agrigente, 45.

Cinna fait exécuter les proscrits, 145.

Cion périt, 32.

Cléon est tué par Rupilius, 102.

Clodius maltraite de paroles les consuls Romains, 203.

Contoniatus, Roi de Jontore, 315.

Corfinium, sa description, 135.

Cotys, Roi des Thraces, 239.

Cydon, les Cydoniens ravagent la ville d'Apollonie, 245.

D.

Damophile, citoyen d'Enna, périt tristement, 98.

Decius prend Rhege. Il y perd la vue, 16.

Delium, temple de Chalcis, 228.

Démetrius vient à Salamine, 2. Il prend Thebes, 6.

Démetrius Nicanor, sa tyrannie, 277. Son luxe, 283.

Diallus, auteur Athenien, 4.

Diegylis, Roi des Thraces. Sa cruauté, 284.

Dorimachus brule le temple de Dodone, 211.

Dromichætés fait un très-beau festin à Lysimachus, 188.

Drusus. Son éloge, 326.

E

Erycine, prise par Pyrrhus, 25.

Eumenés subjugue

TABLE.

les Gaulois, 251.

Eunus, Syrien de nation, magicien, 93. Il est déclaré Roi, 98. Il attaque les Romains, 99. Il est dévoré par la vermine, 103.

Evemerus Roi des Parthes. Sa tyrannie, 305.

F

Fabius fait périr cent mille hommes, 5.

Flaminius fait assembler les Grecs, 151.

Fulvius préteur Romain est condamné à une amende pécuniaire, 231.

G

Gaulois au détroit des Thermopyles, 24. Ils ouvrent les tombeaux des Rois de Macedoine, 198.

Gorgus est égorgé avec son pere, 302.

Gracchus tué par Scipion Nasica, 313.

Guerre civile entre Sylla & Marius, 141. Entre César & Pompée, 142.

Guerre Marsique, 133.

Guerre Servile, 92.

H

Hannon fait une perte considérable, 39.

Hegeloque, lieutenant de Ptolemée, 305.

Hermaphrodites, 82.

Hicetas chassé de Syracuse, 18.

Hieron leve le siège de Messine, 33. Il aide les Rhodiens, 69.

Hieronymus, Roi de Syracuse, 213.

Horopherne pille le temple de Jupiter, 267.

J

Indortés maltraité par Amilcar, 61.

Junius battu par les Carthaginois, 55.

TABLE.

L

LAgny, ville d'Espagne prise par Pompée, 288.

Legion Romaine. 69.

Leocritus, lieutenant de Pharnace, 235.

Lucullus appaise une rébellion, 107. Il défait Salvius, 122. Il est exilé, 123.

M

Mænon empoisonne Agathocle, 9. Il tue Archagatus, 11.

Mamertins. Ils s'opposent à Pyrrhus, 29. Ils sont secourus par Annibal, 32.

Manlius, Proconsul, 160.

Marcellus à Syracuse, 214.

Marius fait exécuter les proscrits, 141. Il se donne la mort, 333. (ou bien) il se fait poignarder par un esclave, 142.

Mastanissa meurt, 86.

Megallis, femme de Damophile, 98.

Memmius en Espagne, 81.

Menodote de Corinthe, 69.

Merula renonce au Consulat, 334.

Messeniens, maltraités par les Soudoyés de Syracuse, 154.

Metellus, surnommé le pieux, fait rappeller son pere de l'exil, 320.

Mithridate renvoye les prisonniers Romains, 329.

Moyse, chef des Juifs, 147.

N

NAbis, tyran de Lacedemone, 216.

Nicomede parvient à la couronne, 87.

Numance. Ses citoyens renouvellent la guerre avec les Romains, 177.

TABLE

O

Origine d'une révolte en Sicile 108. Elle est arrêtée, 110.

Origine & mœurs des Juifs, 145.

Orisson met en fuite Amilcar, 61.

Oxythemis met Agathocle sur le bucher, 10.

P

PAul Æmile subjuge la Macedoine, 245.

Persée vaincu par Paul-Emile, 74. Il périt cruellement, 76. Il est détrôné, 163. Il est puni d'avoir fait périr son frere, 236.

Philemon, poëte comique, 38.

Philippe Roi de Macedoine ravage Pergamene, 226. Fait mettre en prison Heraclide, 227. Il meurt, 236.

Philippe, fils d'Amyntas, monte sur le trône de Macedoine, 269.

Philopœmen, Général des Achéens, 232.

Philotis, mere de Charopus, 265.

Phintias bâtit une ville, 17. Il fait un rêve effrayant, 18.

Pithon meurt de désespoir d'avoir trahi sa Patrie, 241.

Plautius Tribun sort de Rome, 276.

Pleminius pille le temple de proserpine, 217. Il meurt, 219.

Pompœdius Silo chef des Marses, 326.

Pompeius (Cneius). Sa conduite, 338. Il met en fuite Junius Brutus, 339. Il est egorgé dans le port d'Alexandrie, 343.

Prison d'Albe. Sa description, 75.

Prusias prend le titre d'affranchi des Romains, 167.

Prusias Roi de Bithynie est puni de son impieté, 267.

Psaon, Historien, 4.

Ptolemée Ceraunus est tué par les

TABLE.

Gaulois, 17.

Ptolemée Roi d'Egypte renouvelle son alliance avec les Romains, 164. Il reçoit leurs députés, 179. Il fait périr Aristomene, 227. Sa mollesse, 291.

Ptolemée Philometor vient à Rome, 254. Il se reconcilie avec Phiscon, 266.

Ptolmée Physcon. Sa cruauté, 281.
Pyrrhus fait la guerre en Italie, 19.

R

Regulus. Reflexion sur sa conduite, 199. Sa famille traite cruellement Bostar & Amilcar. 205.

Rhodiens. Ils envoyent des Ambassadeurs à Rome 71. Ils déclarent la guerre aux Crétois, 217.

Rois de Cappadoce, 76.

Romains. Ils changent la forme de leurs boucliers, 36. Ils prennent Agrigente, 40. Ils sont battus en Afrique 43. Ils accordent la paix aux Grecs, 159.

Rupilius termine la guerre Servile, 103.

S

Salvius chef des esclaves révoltés en Sicile, 113. Il fait un sacrifice aux héros de l'Italie, 118. Il fait arrêter Athenion, 119. Il s'établit à Tricala, 120. Il meurt, 123.

Saturninus est élu Tribun, 184.

Satyrus se tuë, 125.

Scævola, Proconsul en Asie, 322.

Scævola (Q. Mncius) est tué aux piés des autels, 339.

Scipion soumet Carthage, 235. Son éducation, 259. Il redemande à Asdrubal les corps de trois Romains, 273.

Scipion Nasica. Son éloge, 310.

Seleucus refuse de faire périr Démetrius, 194.

Sentences détachées

TABLE.

Sextius. Sa générosité, 307.

Siphnos, pillée par les Crétois, 268.

Sophonisbe s'empoisonne, 220.

Sosilus d'Ilium, 69.

Spondius. Sa cruauté, 208.

Stratonice, femme d'Antigonus vient à Salamine, 2.

Sylla exerce des cruautés à Rome. 335. Il pille trois temples. 335.

Syphax, est livré à Scipion, 220.

T

Tarragonois. Ils déclarent la guerre aux Romains, 81.

Taureau d'Agrigente, 274.

Tiberius Gracchus. Son éloge, 301.

Timée l'Historien, 191.

Titus Minucius se perce de son épée, 107.

Tricala. Raison de ce nom, 119.

Tryphon, Roi de Syrie, 178.

Tyndarion, Roi de Tauromene, 19.

V

Victoire à la Cadméenne. Proverbe, 18.

Viriathus, général des Portugais. Son éloge, 87. Il tuë Vetilius, 88. Il est tué par trahison, 89. Son mariage, 281.

Vitellius fait couler du plomb fondu dans le crâne de Gracchus, 309.

X

Xantippe, sauve les Charthaginois, 201.

Z

Zibelmius. Sa cruauté & sa fin. 303.

Fin de la Table du septiéme & dernier Volume.

ERRATA DU TOME VII.

Page 17. l. 20. & fut hay, *l.* haï.

P. 23. l. 4. ou affoibl par, *l.* affoibli.

P. 28. à la marge. 172. *l.* 872.

P. 40. l. 3. il y a un renvoy (*a*) qu'il faut effacer.

P. 44. à la fin de la note au bas de la page ajoûtez ces mots. Pline le jeune : quoique d'autres attribuent ce traité à Aurelius Victor, sous l'Empereur Constance.

P. 55. l. derniere Agotalle, *l.* Ægotalle.

P. 87. l. 17. accoutumée, *l.* accoutumé.

P. 98. l. 26. possession, *l.* profession.

P. 101. l. 29. eut reprit Tauromene, *l.* repris.

P. 132. toutes les pages à droite ou *fol. vers.* des extraits fournis par Fulvius, portent au haut *fragment*, il auroit été mieux de mettre fragmens.

P. 187. après le premier mot du texte, *Antigonus*, il faut placer le renvoy (*a*).

P. 216. *lisez* ainsi la note au bas de la page, *Il a été parlé de lui à l'entrée des extraits précédens donnez par Fulvius Ursinus.* l'énoncé de la remarque sembloit indiquer que les extraits de Mr de Valois précédent dans le volume ceux de Fulvius Ursinus ; & c'est le contraire.

P. 220. l. 22 par tout où il y a Massinissa. *l.* Masinissa.

P. 262. l. 10. genre de bien inferieur, *l.* genre de vie bien inferieur.

P. 264. à la marge, 234. *l.* 334.
P. 267. l. 15. Oropherne, *l.* Horopherne.
P. 281. l. 23. (*a*) *l.* (*c*).
P. 308. dans la note septimulieus, *l.* septi muleiüs.
P. 310. l. 5. il reduisit, effacez *il*.

De l'Imprimerie de la Veuve **DELATOUR**.

www.ingramcontent.com/pod-product-compliance
Lightning Source LLC
Chambersburg PA
CBHW050748170426
43202CB00013B/2339